湖南省高校创新平台开放基金项目研究成果

农村教师素质提升的困境与对策研究

——基于湖南省某农业县的数据分析

向东春　主编

天津社会科学院出版社

图书在版编目(CIP)数据

农村教师素质提升的困境与对策研究:基于湖南省某农业县的数据分析 / 向东春主编. ——天津: 天津社会科学院出版社, 2020.6

ISBN 978-7-5563-0645-9

Ⅰ. ①农… Ⅱ. ①向… Ⅲ. ①农村学校–中小学–教师素质–师资培养–研究–洞口县 Ⅳ. ①G635.16

中国版本图书馆 CIP 数据核字(2020)第 123863 号

农村教师素质提升的困境与对策研究:
基于湖南省某农业县的数据分析
NONGCUN JIAOSHI SUZHI TISHENG DE KUNJING YU DUICE YANJIU:
JIYU HUNANSHENG MOU NONGYEXIAN DE SHUJU FENXI

出版发行：天津社会科学院出版社
地　　址：天津市南开区迎水道 7 号
邮　　编：300191
电话/传真：(022)23360165(总编室)
　　　　　　(022)23075303(发行科)
网　　址：www.tass-tj.org.cn
印　　刷：天津午阳印刷股份有限公司

开　　本：787×1092 毫米　1/16
印　　张：8
字　　数：172 千字
版　　次：2020 年 6 月第 1 版　2020 年 6 月第 1 次印刷
定　　价：68.00 元

湖南省高校创新平台开放基金项目研究成果

《农村教师素质提升的困境与对策研究——基于湖南省某农业县的数据分析》

主　编　向东春

编　委　徐代珍　江献书　李志荣　周佩纯

内容简介

农村教师是基础教育的生力军,他们的素质状况直接关系到我国基础教育质量和新课程改革的进度。本书以湖南省某农业县为标本,对农村中小学教师素质现状进行了问卷调研和深度访谈,基于利益相关者理论从教师、学生、家长、学校管理者等视角对教师素质进行了多维度检视,综合剖析了阻碍农村教师素质提升的主要因素。本书对农村教师素质提升的路径进行了探索:应当构建可持续发展的、具有生机和活力的农村教师教育体系,发挥县级教师培训学校的基础性作用;统筹兼顾各方利益,尊重和呼应农村教师合理诉求,形成各方参与的、和谐的、信任的利益成长共同体;优化完善农村教师管理机制、经费保障机制、教师发展机制,提升农村教师的发展动力。本书适合教育决策者、学校管理者、农村教师、农村教育理论研究者、热心农村教育的公益人士阅览。

目　　录

第一章 理论视角下的农村教师素质提升

一、问题的提出

百年大计,教育为本,强国必先强教。教育是民族振兴、社会进步的基石,是提高国民素质、促进国民全面发展的根本途径。《国家中长期教育改革与发展规划纲要》(2010—2020)明确提出,要形成惠及全民的公平教育,努力缩小区域差距,加快缩小城乡差距,实现教育共同繁荣。2017年,国务院印发《国家教育事业发展"十三五"规划》,从提高质量、促进公平、优化结构等方面进行落实,着力加强教师队伍建设,优化教师资源配置,完善教师管理制度。[①]

教师素质是制约教育质量的决定性因素。我国基础教育阶段改革正在如火如荼地进行,新课程改革正在由实验阶段过渡到全面实施阶段。随着新课程改革的深入,对教师的素质提出了更高的要求,急需一大批高素质的教师来保证新课程方案的有效实施,最终使课程改革的目标得以全面实现。但是,目前在我国中小学教师队伍中,有相当一部分的教师学历层次较低,专业化水平不高,与当前的课程改革对教师素质的要求还有一定的差距,特别是在我国农村中小学教师中,这种差距更明显。因此,提高农村中小学教师素质,是一个亟待解决的现实问题。

湖南是一个传统的农业大省和人口大省。根据第六次人口普查数据显示,普查登记湖南省常住人口总数为6568.37万人,居全国第7位[②]。2015年湖南城镇人口数首超农村人口,实现了一个中部农业大省的历史性跨越。2018年,湖南省统计局发布了"湖南省第三次全国农业普查数据",数据表明:截至2016年底,湖南农村常住人口总量为3223.4万人,呈持续下降趋势,较2006年下降了17.1%[③]。可见,农村人口不仅绝对数量大,而且所占全省总人口比重

---

① 中华人民共和国国务院. 国家教育事业发展"十三五"规划[EB/OL]. 中华人民共和国中央人民政府网站 ht-tp://www.gov.cn/zhengce/content/2017 - 01/19/content_5161341.htm

② 中华人民共和国国家统计局. 第六次全国人口普查汇总数据[EB/OL]. 国家统计局网站 http://www.stats.gov.cn/ztjc/zdtjgz/zgrkpc/dlcrkpc/dlcrkpczl/

③ 湖南省统计局. 湖南农村人口结构现状和变迁分析——第三次农业普查数据专项分析[EB/OL]. 湖南统计信息网. http://www.hntj.gov.cn/tpxw/201901/t20190104_5253332.html

接近 50%，仍然较高。因此，湖南省新课程改革对全国具有标本意义。再加上湖南多为山地，农村学校路途遥远，信息不畅，教学点分散，办学条件较差，教育投入不足，教育基础薄弱，是全省教育工作的突出短板和偏远山区农民脱贫致富的重要瓶颈。这些也都影响和制约着教师素质的提高。

发展农村教育，教师是关键。近年来，湖南省十分重视农村教师队伍素质的提升，制订了多项制度、实施了很多措施。从 2003 年开始，湖南省对在县城以下农村学校从教 15 年以上的优秀教师进行奖励，共计奖励 1300 余人；在特级教师评选中，明确规定要把申报指标的 80% 用于教学一线教师，重点保证农村教师特别是农村义务教育阶段教师。2004 年，湖南省在全省实施"农村教师素质提高工程"，深化人事制度改革，加强农村教师队伍建设，确立"面向全员、突出骨干，倾斜农村"的教师继续教育制度。2006 年，湖南省启动了"农村中小学教师定向培养专项计划"，在"十一五"期间，湖南省财政下拨 2 亿元的专项资金，为全省农村特别是偏远贫困地区的农村乡镇以下小学免费定向培养 1 万名五年制大专层次的小学教师。此后，湖南省逐年加大专项经费的投入，不断扩大师范本科生免费定向培养的规模，力争全面实行农村中小学师资以本科师范院校为主的免费定向培养。2007 年，湖南省委省政府提出建设"教育强省"，加大财政投入，实施教师队伍整体素质提升计划，构建现代教师培养培训体系。2008 年，湖南省进一步深化教师培养模式改革，开始师范生顶岗实习的试点工作①。2015 年 12 月，湖南省人民政府办公厅印发《湖南省农村教师支持计划（2015—2020 年）实施办法》，扩大公费定向师范生培养规模，到 2020 年实现公费定向培养师范毕业生成为义务教育阶段农村教师补充的主渠道，采取顶岗置换、网络研修、送教下乡、专家指导、校本研修等多种形式，开展农村教师培训，建立农村教师成长激励机制，努力造就一支数量足够、结构合理、素质优良、甘于奉献、扎根农村的教师队伍②。

但是，如何实现湖南省农村中小学教师素质提升的机制创新，还值得深入思考，必须从制度层面厘清影响湖南省农村中小学教师素质提升的各种要素，提炼形成素质提升的长效机制，搭建根据环境变化的动态提升模式。本书作者由此开展相关研究，着力对湖南省西南地区的农村中小学教师现状进行系统分析，总结经验教训，试图找到解决湖南省西南地区农村中小学教师素质提升中存在问题的办法和措施，构建适合湖南省农村实际情况的教师素质提升策略及相关理论，以便提高湖南省西南地区农村中小学教师的总

---

① 湖南省大力加强农村教师队伍建设［J］.中国教师,2009（2）:15（摘自 2008 年 11 月 18 日《中小学教师队伍建设工作简报》,总第 4 期）

② 湖南省人民政府办公厅.湖南省农村教师支持计划（2015—2020 年）实施办法［EB/OL］.湖南省人民政府网站 http://www.hunan.gov.cn/xxgk/wjk/szfbgt/201512/t20151230_4825500.html

体素质,使之更好地服务于湖南省农村教育改革,促进农村经济增长和社会的全面发展。

二、概念界定

(一)农村教师

国家统计局对市镇人口的定义是:"设区的市的区人口和不设区的市的街道人口;市或县的镇所辖居委会人口。上述以外的人口被定义为农村人口。"[①]而偏远农村习惯上是指主要分布在山区、少数民族地区、经济欠发达地区的广大村落,或是边境农村地区和贫穷的革命老区,也就是通常所说的"老、少、边、山、穷"地区。一般来说,这些地区自然条件差、交通不便、经济教育文化相对落后,同时,因为受外界的冲击和影响相对较小,这些地区的传统习俗保存较好。本书所谈的偏远农村指的就是习惯上的偏远农村。

农村教师是伴随着农村教育问题的提出而出现的,要理解农村教师就必然要了解农村教育,对于农村教育概念的界定也有所区别。《国际教育百科全书》[②]认为,农村教育是为农村人口设计的机构和学习设施。

本书以为,农村教师就是指在农村从事以农村儿童为教育对象的教育工作者。在本书中,农村教师界定如下:(1)农村教师是以农村儿童为教育对象;(2)农村教师主要工作地点是在广大的县以下的乡镇和村落学校。

(二)教师素质

"素质"是人在先天禀赋的基础上,在社会实践中不断形成和发展而形成的相对稳定的素养和品质。既包括人的自然素质,又包括在自然素质的基础上,人们接受社会影响而形成的社会素质和心理素质。既可指个体素质,也可指群体素质。

关于"教师素质"的概念,在理论上并没有一个统一的、公认的、明确的说法。在国外,有关教师素质的研究主要集中在教师知识、教学胜任能力、教师个性品质、教学风格、教育观念等方面(有关国外教育素质方面的研究,在下一节的国外研究现状中有详细的说明)。在国内,目前较为认可的教师素质定义主要有以下几种:

"教师素质就是教师在教育教学活动中表现出来的,决定教师教育教学效果,对学生身心发展有直接而显著影响的心理品质的总和"[③]。

---

① 王萍萍.农民收入与农业生产结构调整[J].战略与管理,2002(1).
② 胡森,波斯尔思韦特.国际教育百科全书(第七卷)[M].贵阳:贵州教育出版社,1990,660.
③ 钟志贤著.深呼吸:素质教育进行时[M].教育科学出版社,2003.402.

教师素质是"教师为完成教育教学任务所应具备的心理和行为品质的基本条件"①。

"教师素质就是从事教师职业的从业者自身所必须具备的与教师职业有关的基本品质的总和"②。

"教师素质是综合性的有特定内涵的概念,其核心是影响人、促进人、改变人的一种智慧本领——情感人格素质"③。

从以上对教师素质的定义可以看出,教师素质具有如下特点:(1)教师素质是为完成教育活动所需的教师个体的内部条件;(2)教师素质体现了教师作为一种专门职业的特殊性——教育性④;(3)教师素质具有动态性,其内涵随着时代的发展不断变化;(4)教师素质是教师在从事教育活动时,根据职业的需求有意识、有目的、有计划地培养起来的相对稳定的品质;(5)教师素质具有特殊的可变性,即教师素质是可以通过教育培训而改变的;(6)教师素质的内容包括多个方面,是一个由许多相关成分构成的系统。

综合以上对教师素质的定义,结合新课改要求,本书作者认为新课改背景下的农村教师素质是具备"以生为本"教学理念、平等师生关系、注入新知识、灵活多变的教学策略等。具体来说,农村中小学教师素质提升应体现:在教育教学过程中贯彻"以生为本",师生关系平等和谐,能够激发学生学习的内在需求,充分认识学生的心理和认知规律,灵活掌握新课程标准提出的"合作学习、探究学习、自主学习"方法等方面。

(三)学校场域

"场域"是法国学者皮埃尔·布迪厄实践社会学中的一个重要概念,不仅被广泛应用于社会学领域中,而且被运用于学校教育过程中。布迪厄将场域定义为"位置间客观关系的一个网络或一个形构,这些位置是经过客观限定的"⑤。由此可见,场域是一个具有自身逻辑和必然性的关系系统。与场域范畴一致,学校场域也是一个关系性范畴。学校场域不仅是一种争夺的空间,而且是一种形塑的中介。学校场域是学校中"各种复杂矛盾的多元位置之间的多元关系的网络,是有形与无形的整体集合与各种力量的不断重组"⑥。学校教育的目的是培养学生,进行有目的的文化活动。在学校领域中,家长、学生、教育者、管理者以知识的生产、传承、传播和消费为依托,为占有更多的资本,主体间不断进行竞争、控制、制约与反抗,这些彰显了学校场域的冲突本性。

① 顾明远主编.教育大辞典(卷2)[Z].上海教育科学出版社,1990.16.
② 张大均,江琦主编.教师心理素质与专业发展[M].北京:人民教育出版社,2005.40.
③ 朱小蔓.教育的问题与挑战——思想的回应[M].南京:南京师范大学出版社,2006.355.
④ 余宗杰.教师素质构成——基于文献综述的探究设想[J].江苏教育研究(理论版),2008(7):57.
⑤ [法]皮埃尔·布迪厄著.李猛,李康译.实践与反思—反思社会学导引[M].北京:中央编译出版社,1998.133.
⑥ [法]皮埃尔·布迪厄著.李猛,李康译.实践与反思—反思社会学导引[M].北京:中央编译出版社,1998.143.

（四）利益相关者

"利益相关者"一词来源于经济学和管理学。据《牛津词典》记载最早出现利益相关者一词是1708年,它表示在某一项活动或某企业中所下的赌注"stake",在活动进行或企业运营的过程中抽头或赔本(Clark,1998)的人[①]。这与目前网络中金山词霸对"利益相关者"一词的翻译"stakeholder"吻合。关于利益相关者的定义,从1963年斯坦福大学研究所首次定义利益相关者算起,迄今为止经济学家已提出了近30种定义,其中对利益相关者最广义的定义是1984年弗里曼对利益相关者的概念界定,"利益相关者是能够影响一个组织目标的实现,或者受到一个组织实现其目标过程影响的人"[②]。1988年,弗里曼进一步将利益相关者界定为"那些因公司活动受益或受损,其权利也因公司活动而受到尊重或侵犯的人"。由于弗里曼界定的是广义上的利益相关者,在实证研究和应用推广上的操作性不强,此后,学术界又出现了无数的新定义,对利益相关者的分类也更加细化。例如:克拉克森(Clarkson)根据利益相关者与企业利害关系的紧密程度,将利益相关者分为首要的利益相关者和次要的利益相关者。前者是指企业的运行不能离开这些群体的参与,否则企业不可能持续生存,包括股东、投资者、雇员、顾客、供应商等;后者指间接影响企业的运行或者受到企业运行间接影响的群体,如社区、政府、媒体等[③]。

管理学中,利益相关者常常在企业伦理问题、企业社会责任、企业环境管理等问题中被涉及。例如:理查德·L.达夫特等认为,利益相关者指位于组织内部或外部、与组织绩效有利害关系的任何群体[④]。唐·黑尔里格尔等认为,利益相关者是指拥有与组织相关的利益、权利或者是所有权的个人或群体[⑤]。

教育学领域中利益相关者的定义并不多见,往往是套用经济学和管理学的概念,用来指和学校、学校教育有关的利益人。例如:张丽娜(2006)将校本课程开发中的教育利益相关者界定为学校领导、教师、学生、课程专家、家长以及小区代表等[⑥]。何去景,李志勤(2006)将高校收费行为中的直接利益相关者界定为政府、教职工、学生及家长和社会(主要指毕业生就业单位的集合)[⑦]。李峻(2009)在考察我国高考政策变迁时,将高考政策的利益相关者界定为

① 贾生华,陈宏辉.利益相关者的界定方法述评[J].外国经济与管理,2002(5):13.
② Freeman. R. E(1984). Strategie Management:A Stakeholder Approach. Boston:Pitman/Ballinger,1984:121.
③ Clarkson,M. A stakeholder framework for analyzing and evaluationg corporate social performance,Academy of Mangement Review. 1995(1):92–117.
④ 理查德·达夫特,多萝西·马西克著.高增安、马永红等译.管理学原理[M].机械工业出版社.2005,72–73.
⑤ 唐·黑尔里格尔,苏珊杰克逊,小约翰·W.斯洛克姆著.张燕,刘小涛等译.管理学—能力培养取向[M].中信出版社,.2005.186.
⑥ 张丽娜.校本课程开发中教育利益相关者影响力的个案研究[D].华东师范大学,2006.29.
⑦ 何云景,李志勤.从利益相关者理论的视角分析高校收费行为的规范化问题[J].教育理论与实践,2006(6):8.

"任何能影响我国高考政策目标实现或被该目标影响的群体或个人"①。

综合以上对利益相关者的界定,本书作者拟借用弗里曼和克里克逊的定义,在学校教育中,将农村中小学教师素质提升中涉及的利益相关者定义为:能够影响农村中小学教师素质提升,或者受到农村中小学教师素质提升行为所影响的个人或群体。从农村中小学教师自身的角度看,在学校场域中,农村中小学教师素质提升行为的直接利益相关者有学生、家长、学校管理者、教师,间接利益相关者有政府、社会、培训机构等。

本书主要基于农村中小学教师素质提升中相关利益者的分析来考察农村中小学教师素质的问题,但利益相关者这一概念并非源自教育领域,有关教育利益相关者的专门研究也不多见,相关的数据零散、无系统。故在本书中,主要基于直接利益相关者(即学生、家长、学校管理者)的分析以及政策实施情况分析对农村中小学教师素质提升现状进行考察。

三、文献综述

(一)国外相关研究综述

在国外,由于农村和城市的教育水平区别不大,因此国外在研究中小学教师素质问题上鲜有专门针对农村中小学教师的文献,现有研究仅限于普适性的研究。归纳起来主要有以下几个方面:

1. 关于教师专业素质的研究

国外关于教师专业素质的研究始于19世纪末期。自法国社会学涂尔干提出教师专业化思想以后,很多研究者利用克拉茨(Kratz)法对优秀教师的素质进行了研究。从有关教师素质的研究中可以看出,各种研究所使用的概念,采用的方法和关注的焦点有所不同。例如:有的将教师素质称为专业素质、教师品质、教师特性等。恩格尔赫德(Engelhart)等通过调查列举了教师成功教学的46项品质;克鲁克采用综合研究的方法,归纳了高效能的教师应该具备的基本素质;卡特斯和韦帕尔斯则将优良教师应具备的素质分为许多项目,在一些经验丰富的教师中进行调查,评定教师最重要的素质,共计83项,归纳后为25项,并邀请25位教育专家根据各类教师的需要,评定了25项素质的顺序。

2. 关于教师队伍状况的研究

对教师队伍的现状及问题进行一个清晰的了解和认识是加强教师队伍建设,提高教师队

---

① 李峻. 我国高考政策变迁研究——基于"利益相关者理论"的分析[D]. 华中科技大学,2009.46.

伍整体质量的前提。1983 年,美国公布了《国家处在危险之中——教育改革势在必行》的调查报告,报告指出美国的中小学教师素质太差;1986 年,霍姆斯研究团体经过大量的实证研究后,出版调查报告《未来的教师》;同年,卡内基基金会作《国家为培养 21 世纪的教师准备》的报告,报告重申了美国所陷入的困境,并提出要做好高质量的师资储备;2002 年,马里斯·特雷莎·西尼斯卡尔科以 1997 年第四届教师地位联合专家委员会(CEART)会议报告中所阐述的相关领域为主,对数据几经更新,著就《世界教师队伍统计概览》一书,该书从教师专业背景、教师队伍结构、任职资格和专业发展、教师的工作条件等方面对全球教师队伍的现状进行了整体描述,为教师专业统计工作提供了范式。

3. 关于教师专业化的研究

1956 年,利伯曼提出了教师专业的八条标准:(1)从事社会不可或缺的工作;(2)运用高度的理智性技术;(3)需长时间的专业训练;(4)从业者广泛的自律性;(5)在专业自律的范围内直接负有做出判断,采取行为的责任;(6)非营利,以服务为动机;(7)形成了综合性的自治组织;(8)拥有应用方式具体化的伦理纲领[1]。1966 年,联合国教科文组织和国际劳工组织在巴黎联合举办的政府间专门会议上正式通过了《关于教师地位的建议》的文件,指出"教师工作应被视为一种专门职业"。教育地位与教师地位之间的相互关系逐步得到认可和重视。受此影响,世界各国教师教育和教师职业建设开始进入专业化发展时代。截至目前,国外研究成果可分为三类:第一类以 Hoyle、Perry、Lieberman 为代表,主张教师专业发展主要指教师专业成长过程,强调教师个体专业素养的自我提升和自我发展;第二类以 Little 为代表,认为教师专业发展指促进教师专业成长的过程(即教师教育)。这一类观点强调教师教育对教师专业成长的重要作用,把教师专业发展等同于教师教育或教师培训;第三类以 Wideen 为代表,指出教师专业发展既是教师的专业成长过程,又是促进教师专业成长的过程[2]。

4. 关于提高教师素质的实践

为提高教师素质,保证教育质量,美国早在 1897 年就成立了全国家长教师联合会,20 世纪始,由全国家长教师联合会、州家长教师联合会和地方家长教师联合会共同组成了家长教师协会,鼓励家长参与学校管理。此外,美国还加大对教育的投入,订立"向教学过渡计划",在师资来源上形成了师范学院为培养地方教师为主要目标,综合大学长期为中小学提供教师资源的模式,并实行了"四位控制"规则(即对教师教育机构的资格认定、初任教师的资格认定、优秀教师的资格认定和教师教育课程设置的认定等四个环节进行质量控制),取消永久性教师资格证书制度、教师资格证书互换制度、教师资格证书吊销制度等。1944 年,英国教育法

---

① M. Liebeman ：Education as a profession,Prentiee – Hall,1956,P2 – 6.

② 叶澜等.教师角色与教师发展新探[M].教育科学出版社, 2001. 222 – 226.

案为学校提供了建立包括家长代表的管理会的基本知识,将学校中的家长参与视为一种权利和责任,有力地推进了教育改革,提高了教育质量。在教师教育方面,英国形成了以中小学校为基地的教师教育模式,并与校本课程开发、校本管理等工作相结合,逐步形成了职前培养、入职辅导、职后提高三合一的教师培养模式,构建了职前教师教育管理、新教师入职与录用的质量保证、在职教师的专业成长与发展的教师队伍质量保证机制(骆阳,2004)。法国则在坚持传统的"两考一训"(即会考教师考试、证书教师考试、会考教师与证书教师的岗前培训)质量保障规则的同时,采取了"三步为营"(即训练更多、训练更好、促进教学专业化)的教师提高机制(唐松林,2004)。韩国将教师在职培训分为信息数字培训、课程规划培训、综合培训和教学培训等,要求小学教师的在职培训在由建立在综合大学、教育学院以及当地教育行政管理部门或教育与人力资源发展部指定的组织里进行(沈又红,2007)。日本为促进教育改革,成立了由班级、学校、地方以及全国父母与教师联合会共同组成的父母与教师联合会组织(张丽竞,2007),在教师培训上形成"行政"与"自主"相结合的二元培训模式,强调校内研修和校外研修的结合、行政力量与教师自我提升的结合(王晓燕,2008)。俄罗斯着重为农村教师教育和教师培训提供法律保障,在21世纪初期出台了《俄罗斯农村学校的结构改革构想》《2001—2010年俄罗斯教师教育发展纲要》等法规政策,并把农村中小学信息化问题作为教育改革和社会发展的优先选择,采取多种措施提升农村中小学教师素质(于海波,2008)。值得一提的是,一些发达国家还建立起中小学不合格教师退出机制,例如:英美等国中小学教师退出的"四骑马手"式机制、"三腿凳子"式机制,这些机制为中小学教师队伍的建设提供了质量保证,促进了教师的成长和发展,取得了显著的质量效果(王昌善,唐松林,2005)。

5.关于教师素质提升的政策支持

从政府和民间组织的相关研究来看,国外不少政府及民间组织也早就关注到了教师队伍素质提高的问题,投入了大量的研究。如美国政府为了进一步提高教师队伍的整体素质,通过相关部门来组织一些教育协会和教育专家针对教师队伍的师范教育和在职教师素质的提高等问题,不惜花费大量经费,进行专门的研讨,自1986年以来先后发表了如《明天的教师》《国家为了世纪的师资准备》等调查研究报告,并采取了许多重大措施将其付诸实践。1996年,由美国全国专业教学标准委员会编制了《教师专业智能标准大纲》,强调了教师应具备的一些基本素质,这是一份迄今为止最为详尽的界定教师标准的文件。国际21世纪教育委员会向联合国教科文组织提交的报告《教育——财富蕴藏其中》中则进一步指出:"人们要求教师既要有技能又要有职业精神和献身精神。"

美国在农村教师培训中,形成了以大学为基地的培训模式,建立起专业化的农村教师职前、职中、职后培训体系,向农村学校提供特别培训。英国形成校本培训模式,即以学校为基地,由校内同事组成进修小组,通过诊断、讨论来解决学校中存在的问题和教师在课堂教学中面临的问题,并开展与之相结合的培训。日本形成"行政"与"自主"相结合的二元培训模式,强调校内研修和校外研修的结合、行政力量与教师自我提升的结合(王晓燕,2008)。

俄罗斯在 21 世纪初期出台了《俄罗斯农村学校的结构改革构想》《2001—2010 年俄罗斯教师教育发展纲要》等法规政策,为农村教师教育和教师培训提供法律保障,并把农村中小学信息化问题作为教育改革和社会发展的优先选择,采取多种措施提升农村中小学教师素质(于海波,2008)。

韩国小学教师的在职培训在各种教育研修机构完成,这些教育研修机构建立在综合大学、教育学院以及当地教育行政管理部门或教育与人力资源发展部指定的组织,教师在职培训分为信息数字培训、课程规划培训、综合培训和教学培训等种类(沈又红,2007)。

(二)国内相关研究综述

20 世纪 80 年代以来,受国外对教师专业发展和教师教育研究重视的影响,我国学者陆续将国外教师专业发展的相关成果翻译、介绍到国内,并在借鉴国外研究成果的基础上展开了一些农村中小学教师素质提升的本土探索。21 世纪初,随着我国新一轮基础教育改革的启动,人们对教师在新课程实施中的重要作用有了更深入的认识,在一定程度上推动了教师队伍的建设,有关农村中小学教师素质提升的研究更如雨后春笋般不断涌现。通过对国内近几年文献的梳理,发现其研究重点集中在以下几个方面:

1.关于农村中小学教师专业素质状况的研究

由于农村中小学教师队伍数量庞大,国内研究者对农村中小学教师专业素质状况的考察除教育部组织的调研外,更多的是对某一区域的教师队伍的某些方面进行调查。如 2006 年,教育部《农村中小学教师队伍建设对策研究》课题组发布了"农村中小学教师队伍建设现状"调查报告,指出农村中小学教师教育思想观念落后、专业知识结构不完善、教学方法和手段落后、教学能力不足、教育科研能力欠缺。此外,梁东奇(2004)对我国浙江、黑龙江、吉林、河南、贵州、四川等六个省份中六十多个乡镇农村教师的调查,廖龙龙等(2005)对全国九个省市农村教师专业素质状况的调查,亢锦(2006)对襄阳市农村中小学教师队伍的调查,杨丹丹(2007)对黑龙江省 B 区农村中小学教师队伍的调查,冉文园(2007)对河北省蠡县农村中小学教师队伍的调查,武秀珍(2007)对赤峰市松山区农村中小学教师队伍的调查,周昆(2008)对四川省富顺县村小教师队伍的调查,刘晶(2008)对河北省威县、蠡县农村义务教育教师队伍的调查,林溪(2008)对吉林省地区四县农村义务教育阶段教师队伍的调查,杨世碧、吴维山(2009)对重庆市部分区县农村中小学语文教师素质的调查等都从不同的方面对农村中小学教师专业素质的现状进行了描述。但从以上研究者的调查结果来看,不管是全国性调研还是区域性的个案研究,近几年来农村中小学教师素质存在的问题基本类似,而且这些问题已经严重影响了我国农村教育质量的提高。

2. 关于农村中小学教师工作与生存状况的研究

国内学者对农村中小学教师工作与生存状况的研究内容丰富,角度各不相同,主要包括教师基本生存状况、法律保障情况、教师资格与职务问题、工作满意度、教师职业压力状况、职业负荷、教师的压力来源、职业生态危机等。

2006 年,《中国教师》和某课题组联合赴我国东部、中西部五个省(区)对中小学教师的调查,姜勇、钱琴珍、鄢超云(2006)通过对 317 名教师的问卷调查,刘萍(2006)对我国西部地区中小学教师的调查,梁松枝(2007)对郑州市新密农村中小学女教师的调查,黄牧乾(2007)对河南省固始县农村初中教师的调查,王隆凤(2008)对福建省宁化县农村中小学教师的调查,陈锡腾(2008)从教育生态学的视角对中小学教师职业生态危机的分析,孟引变(2009)对山西省的调查,肖第郁、谢泽源(2009)对赣南农村中小学教师生存状态的调查,张建东(2009)对甘肃省清水县新城乡小学教师职业压力的调查,李晓玲(2009)对甘肃省康乐县农村义务教育阶段学校特设岗位教师的调研等,这些研究除了对我国局部地区农村中小学教师的工作与生存状况进行系统描述外,还分析了个中原因,提出了对策,为后续研究积累了经验。

3. 关于农村中小学教师专业情意的研究

近几年,国内研究者对农村中小学教师专业情意的研究主要采取的是理论性研究与实践性研究相结合的方式,内容集中在教师的职业认同、职业倦怠、职业幸福等几个方面,并提出了相应的对策。

宋广文,魏淑华(2006)利用自编问卷对教师职业认同状况的调查,李郭保(2007)对嘉兴市秀洲区农村初中教师职业幸福感的调查,对我国教师职业认同的特点进行了归纳;陈书洋(2007)从教师专业情意的认定、缘起、含义、结构、功能等方面对教师专业情意的内涵进行了界定,结合马克思主义哲学的内外因理论、情绪心理学理论、教师专业社会化发展理论及人本主义文化管理理论对小学教师专业情意的现状进行了分析;张萍(2007)利用"教师教学效能感量表"和"教师工作满意度问卷"对安徽省不同类型中小学教师进行了调查;姚丽萍(2008)对教师专业发展不同阶段倦怠的表现、原因及对新实施新课程的影响的分析;王传金(2009)在相关文献研究的基础上,对教师职业幸福的内涵、特性、类型、价值等基本问题进行归纳和建构,并结合实地调研结果探讨了教师职业幸福的实现路径和支持条件;魏兴(2009)对中学教师职业枯竭特点及其与家长对教师压力源认同度的关系进行了研究;贾会彦(2009)对教师职业幸福感缺失现象进行了分析,并从教师个体、学校组织、社会等方面提出了提升教师职业幸福感的对策等。

4. 关于农村教师专业发展的研究

随着教师专业化思想在中国的深化,研究者从不同的角度对农村教师专业发展的理念、实现形式、发展评价、影响因素等问题进行了研究。例如：叶澜、白益民等（2001）从教师德性和教师审美两个方面对教师角色与教师专业发展进行了论述。邓志伟（2004）论述了教师在新课程中的成长与发展，对新课程标准下的学校文化、新教材、综合实践活动、教学观念、评价体系以及分学科课程标准下的教材教学等问题进行了探讨。张大均，江琦（2005）从教师的心理素质培养与专业性发展角度探讨了教师的专业化成长。杨鸿（2006）对基于校本场域的教师专业发展进行了探究。黎雯，吴霞飞（2006）从学生的视角对农村教师的专业发展现状进行了审视。曹如军（2006）从农村教师专业发展的政策视角、法律行政视角、社会环境视角、学校管理视角对如何优化农村教师专业发展环境进行了探讨。刘平秀（2007）从东西部农村教师职业认同感和满意度、教师专业发展能力等方面对东西部农村教师专业发展存在的差距进行了分析。弋文武（2008）从微观的角度研究了农村教师专业学习问题。刘阳（2008）对河北省S县中小学教师专业发展的现状进行了调查，从外部因素和内部因素两方面对其进行了分析并提出相应对策。魏士军（2009）从教师学习、任职学校、教师培训、教师待遇等方面对农村教师专业发展的影响进行了研究。廖艳群（2009）对湖南省醴陵市农村初中教师专业发展的障碍进行了调查，并提出了对策。

5. 关于农村教师继续教育的研究

许多研究者指出目前农村教师职后培训具有稀缺性、非动态性、培训时间短、经费自筹比例重、"工学家"矛盾突出等一系列不足，并对教师培训的有效模式进行了有益的探索。通过对近五年来有关农村教师继续教育的文献发现，其研究主要集中在两个方面：一方面是有关教师继续教育的理论研究，主要包括培训理念、模式、方式、内容等，如吴卫东（2005）以教师专业发展和教师学习研究为理论基础对校本培训的研究，王辉（2007）对"校地合作"模式的研究，王昌善、张希希（2009）对我国当前教师教育培养模式改革的研究，宋旭璞、张万朋（2009）对中小学教师继续教育整合模式的研究，李红（2009）通过对我国中小学教师继续教育发展的梳理，对未来的教师继续教育发展趋势进行了预测等；另一方面是对教师继续教育现状的调查分析及对策建议，如王欢（2008）对河北省农村中小学教师在职教育发展的研究，陈志刚（2008）对湖南省农村中小学教师培养模式的研究，李壮成（2009）对四川省农村中小学教师继续教育现状的研究等。

6. 关于农村中小学教师激励的研究

目前国内研究者对我国农村中小学教师的激励研究，源于中小学教育和教师管理的实践问题，主要借鉴经济学、管理学、社会学和教育学的成果，针对教育管理的实际加以运用和创新。研究者研究的焦点在于：什么样的激励制度能够激励农村中小学教师更好地做好本职工作，提高农村教育质量。例如：马鹰（2007）从社会学的角度探讨了教师群体激励理论的有关问题，主张教师激励不但要从教师需要、期待、价值等个体心理差异性上进行，还要从教师所处的身份、地位、地区、文化、经济、工作性质等整体社会学意义上来进行群体性激励。苗宁礼(2007)从物质激励、自我激励、示范激励、机制建设等方面对欠发达地区教师激励机制的建构路径和制度保障进行了探讨。吉同权(2008)对江西省南康市的中小学教师的需求现状进行了调查,总结了当前农村中小学教师的心理需求和教师激励存在的问题,并提出农村中小学教师激励应遵循的基本原则和策略。向祖强(2008)从人力资源开发与管理的角度,依据博弈理论分析了我国现行教育体制下学校教师的激励机制,发现教师的尽职激励合约和敬业激励合约缺失,提出要建立正直的教师用工解聘制度,明确尽职激励合约与敬业激励合约的激励界区,建立与敬业激励相容的晋升制度。安雪慧(2008)则根据中国农村的经验,从中小学教师职业生涯发展的角度对教师的教学工作激励进行了研究。王炳坤(2008)对湖南省湘潭县农村义务阶段教师的激励问题进行了剖析,并在此基础上提出了对农村义务教育阶段中小学教师激励的对策和建议。杜宏静(2009)对校长激励行为与教师对学校组织认同的关系进行了相关研究。郭凯(2009)从新制度经济学的视角对教师管理中存在的问题及其改革方向进行了研究。黄昭委(2009)则对中小学教师激励中的伦理问题进行了探讨。

总的来说,随着时代的发展尤其是基础教育课程改革的推进,我国农村中小学教师素质提升的研究在关照中国农村现实教育环境的同时,在研究方法和视角等方面也日趋深入和丰富,对具体问题提出了一些对策,在实践中也得到了一定程度的应用。但上述研究还存在一些局限:一是从学理层面看,科学解决问题需要从内外两方面准确寻求影响因子,分析个中原因。然而,在农村中小学教师素质提升问题上,以往研究侧重于现象的描述,多数聚焦于专业发展、继续教育、生活环境等外部因素方面进行探讨,不够重视教师自身也是阻碍教师素质提升的关键因子,缺乏全面剖析农村中小学教师素质提升的内部动力因素,对于如何解决问题缺乏系统探讨。二是从研究视角看,多数研究从教师经济状况、培训情况、职业认同等方面对关于农村中小学教师的相关问题进行探讨,很少系统地以利益相关者为视角对教师素质提升问题进行分析,以往研究缺乏微观角度与宏观理论相结合的视角,缺乏对以中国农村教师发展实际情况为基础的教师专业发展策略和方法系统的实证研究,因为难以深入探讨和解剖原因之所在。三是在研究方法上,思辨式的占多数,调查、统计、定量分析使用的较少,实证研究和行动研究更是缺乏,对农村中小学教师素质提升规律的认识与把握不足,研究过于笼统。在新课程改革背景下,多数研究对教师工作的现场关注不够,缺乏对农村中小学教师特殊性的正确认识,研究欠缺针对性和可操作性。因此,在相当长的时期内,对农村中小学教师素质提升的探索,应该加大实证研究力度,寻求微观和宏观两条线索进行深入研究,并且结合实践,进行创新,系统而全面地研判分析农村中小学教师素质提升机制形成的阻力因素,提出有针对性的解决策略。

四、研究意义

教师素质提升是教师队伍建设的核心内容。农村中小学教师队伍是基础教育的生力军,他们的素质优劣直接关系到学校办学的成败,关系到小学生将来能否成材,关系到整个新课程改革的进程,关系到整个民族劳动者的素质,也是从根本上解决"三农"问题的关键所在。

本书作者基于此考虑,从两个视角切入进行研究:一是对湖南省某农业县即 A 县农村中小学教师素质现状进行调研;二是以利益相关者为出发点,从以教师为中心的教育场域角度,从内外两方面考察影响该县农村中小学教师素质提升的因素,并提出相应的对策与建议。

从新课程改革的大背景下考察当前农村中小学教师素质的现状,探索教师素质提升的路径,具有重要的理论和现实意义。在理论层面,深入分析农村中小学教师所在教育场域的特点,教师与相关利益者之间的相互关系,将进一步深化教师素质提升的理论基础,丰富教师队伍建设的理论体系。在实践层面,结合实际调研情况,从"场域"的角度探讨农村中小学教师素质提升的可能路径,能够为教师队伍建设提供可供参考的具体策略,从而更好地促进教师专业发展,提高农村中小学教育质量。

五、研究方法

(一)文献资料法

在阅读教师、教师素质和教师专业发展相关书籍的基础上,通过查阅期刊、报纸、网络,特别是中国知网(CNKI)收集有关教师素质提升的最新研究成果,加以分析整理,将前人研究的重要观点作为本文的理论依据。

(二)问卷调查法

对湖南省某农业县即 A 县部分农村中小学教师素质提升现状进行统计调查,分析当前农村中小学教师在素质提升中存在的问题及其原因,将其作为本文的事实依据。

(三)访谈法

在开展问卷调查的同时,选取湖南省某农业县即 A 县农村的部分中学生和家长作为访谈对象,了解学生和家长对新课程改革中教师的认知情况,并对所获得的第一手资料加以整理、分析,得到较为真实、自然的资料。

(四)比较法

在教育学研究中,比较法运用广泛。本文的比较法主要运用于农村中小学教师素质提升模式的理论研究当中,参照欧美日韩等发达国家小学教师素质提升的经验,结合湖南省实际情况,构建湖南省农村中小学教师素质提升机制。

第二章　湖南省农村教师素质现状分析

一、调查设计及资料来源

为更好地了解农村中小学教师素质提升的现状,体现调查对象的代表性、调查形式的互补性和多样性,本书作者重点选择了湖南省某农业县即 A 县为调查对象,翻阅了该县部分农村中小学教师的档案、统计报表等,查阅了该县及湖南省政府、教育主管部门有关教师素质提升的相关法律、法规,并参考了国内外专家、学者对农村中小学教师素质提升的研究成果,为分析农村中小学教师素质提升问题寻找理论和政策出发点。

(一)A 县基本情况

农村中小学教师素质提升问题在湖南省乃至全国都是一个具有普遍意义的问题,囿于时间、人力、物力、财力等多方面的限制,不可能也不必要考察整个湖南省或全国农村中小学教师素质提升的情况,因此在充分考虑样本所在地区及其本身代表性的基础上,选取了湖南省西南地区 A 县部分农村中小学教师作为问卷调查的样本。

A 县位于湖南中部偏西南,雪峰山脉东麓,资江上游。县境东邻隆回县,南连武冈市、绥宁县,西接怀化市洪江区,北抵溆浦县。地势西北山多岭峻,中部地势低平,东南丘冈棋布。东西长 80.15 千米,南北宽 65.3 千米,总面积 2184.01 平方公里,有“中国绿色名县”“中国宗祠文化之都”“蔡锷将军故里”“中国楹联文化县”“中国雪峰蜜桔之乡”之美誉。A 县属革命老区、国家扶贫开发工作重点县和国家退耕还林项目重点县,气候温和,雨量充沛,阳光充足,生长季长。全县户籍人口 90.12 万,常住人口 80.53 万,其中农村人口 43.84 万人,占 54.44%。现辖 10 个镇、12 个乡、1 个管理区、566 个行政村、25 个社区。2018 年,A 县共有普通中学 57 所,其中县镇 38 所,农村 19 所,高中在校学生 17082 人,初中在校学生 36449 人;中等职业学校 6 所,在校学生 9015 人;普通小学 189 所,在校学生 70206 人,小学学龄儿童入学率为 100%;特殊教育学校 1 所,在校学生 539 人。

选取 A 县作为调研的样本县,主要基于以下几个原因:一是该县是湖南省广大农村典型的农业大县,社会经济发展程度、文化发展模式与全省其他农业县基本类似,具有典型性。二是人口分布情况和农村基础教育情况,特别是农村中小学校的基本情况与全省大多数地区基本相同,具有代表性,这些在后面的研究中已经表明。三是教师问题较为严重的农村中小学校基本上是在经济尚不发达的地区。2018 年,全县完成地区生产总值 172.21 亿元,按可比价计算,同比增长 6.6%。其中,第一产业增加值 46.31 亿元,增长 3.6%;第二产业增加值 58.5 亿元,增长 4.7%;第三产业增加值 67.4 亿元,增长 10.7%。按常住人口计算,人均生产总值 21366 元。全县完成财政总收入 9.32 亿元,比上年增长 0.11%。全县财政总支出 54.23 亿元,增长 13.7%。城镇居民人均可支配收入 26921 元,农村居民人均可支配收入 10732 元。[①] 与其他县市相比,经济实力还有较大差距,在全省具有重要代表性。但是,A 县政府不断深化教育体制改革,取得了一定的成绩:

1. 逐步转变了政府职能

"十五"期间,按照省政府的统一部署,开展了教育行政审批制度改革,明确了各级各类教育行政部门的管理职责。贯彻落实《湖南省义务教育实施办法》《湖南省实施 < 中华人民共和国教师法 > 办法》《湖南省职业教育条例》等 6 部地方教育法规和规章,正逐步形成以规划、立法、财政资助、评估、监督和信息服务等为主要内容的政府教育管理职能体系。

2. 进一步推进基础教育领域的各项改革

根据《中共湖南省委、湖南省人民政府关于进一步加强农村教育工作的决定》,2004 年重点深化改革农村教育管理体制。主要内容有:进一步调整农村中小学布局;巩固完善农村义务教育管理体制,切实做到"保工资、保入学、保安全、保运转";建立健全教师工资保障机制,农村中小学教师工资实行市州长、县市区长负责制和定期通报制;建立完善学校公用经费保障机制;建立中小学危房改造和学校建设保障机制;建立健全农村家庭经济困难学生资助制度和资助体系,通过财政支持、社会捐助等多种渠道筹资,开展经常性助学活动,确保学生不因家庭经济困难而失学[②]。

3. 深入推进素质教育

根据 2000 年省委、省政府出台的《关于贯彻〈中共中央、国务院关于深化教育改革,全面推进素质教育的决定 > 的意见》的要求,从 2004 年秋季起,A 县和全省其他义务教育阶段的小学学校一起开始全面进入"课改实验"阶段,拉开了全面推进基础教育课程改革的序幕。并按照中央和省委关于加强未成年人思想道德建设的部署,在全县农村中小学学校范围内推进中小学校德育整体建设工程。

4. 进一步推进中小学人事制度改革

自 2002 年 7 月以来,以推进首次中小学教职工核编定岗分流工作为核心,A 县基本实现了全面深化中小学人事制度改革,进一步推进和全面实施中小学教职工聘任制的目标。

---

① 以上资料来源于 A 县县政府网站、A 县 2018 年国民经济和社会发展统计公报.
② 中共湖南省委、湖南省人民政府关于进一步加强农村教育工作的决定[A].湘发[2004]5 号.2004 年 2 月 25 日.

（二）样本与被试选择

本次实证调查主要包含问卷调查和访谈两个阶段。就问卷调查而言,为客观真实地反映新课程背景下农村中小学教师素质提升的现状,问卷依据《基础教育课程改革纲要（试行）》对教师素质的相关要求和本文的目的编制。根据预测结果对问卷进行了修正,最终确定正式调查问卷。"农村中小学教师素质提升问卷"主要包括三部分:第一部分为"个人基本信息",主要包括性别、学历、婚姻状况、教龄、年龄、职称、学科、职务等;第二部分为"教师的教学与生活情况",涉及教师培训、家长和教师对课堂教学的一些情况等;第三部分为"影响因素与建议",由一个开放型问题组成,旨在了解影响农村中小学教师素质提升的主要因素,从教师的回答中得到一些建议。另外,针对部分教师和家长的访谈问卷,由开放型问题组成。

在遵循样本的真实性、可靠性、全面性的原则上,本次共发放调查问卷350份,收回问卷320份,回收率91.43%。剔除填写不清楚和不完整的问卷,有效问卷296份,有效率84.57%。在访谈中,为了补充与本文主题相关的观点和想法,本书作者选取农村中小学教师和学生家长为访谈对象,在关注被访者相关资料（如家庭背景、受教育水平、所在学校类型等）的基础上,采取访谈内容和进程因人而异的策略。

（三）资料来源

本书资料主要通过问卷调查和深度访谈获得,在对原始资料进行核实与系统比较的基础上形成。关于农村中小学教师素质提升情况的研究,本书作者选取了A县农村中小学的350名教师为样本对他们进行问卷调查,剔除特殊个案,采用同质抽样和方便性抽样的策略,对12名农村中小学教师和40名学生家长进行了访谈,深入课堂听课40多个课时。

针对有效问卷,本书作者利用统计学软件SPSS15.0进行统计分析。根据问卷设计和研究的目的,本书作者主要选取统计产品与服务解决方案（SPSS）中的数据描述性统计和相关分析,探索各项指标中的规律。针对被访者的资料,本书作者主要采取观察型记录、内省型记录和方法型记录的方式将被访者的个人看法、感受及被访者的个体差异对访谈的影响等记录下来,为进一步减少访谈报告中可能出现的误差,在充分考虑多方面因素的基础上,对原始访谈资料进行整理、分析。

二、农村中小学教师队伍现状分析

（一）基本情况

1. 教师队伍结构

从调研情况来看,农村教师队伍的结构不合理。总体上表现为:年龄结构上,年纪偏大的教师较多,年轻教师人数较少;学科结构上,主体学科的教师多,新型学科的教师少;学历结构上,获得专科、高中学历的教师多,获本科及以上学历的教师少,这种结构上的不合理制约着农村教师队伍整体素质的提高。

首先,男女教师比例不合理。目前农村中小学专任教师以女性为主,以 A 县为例,在调查的 296 位农村中小学教师中,男性教师 131 人,占 44.3%,女性教师 165 人,占 55.7%。调查中我们发现,农村中小学教师迟到早退的现象比较严重,在农村由于女性承担着更多的家务劳动,女教师比男教师迟到早退的情况更为严重,下课后办公室很少见到教师的身影。

其次,年龄结构不合理。在中国农村中小学中非常流行这样一句话:"哥哥姐姐教高中,叔叔阿姨教初中,爷爷奶奶教小学"[1]。调查中 A 县农村中小学教师在年龄上同样存在着这种现象。从表 2-1 中,我们可以看出农村中小学师资队伍呈现高龄化,30 岁以下的偏少,占32.8%,46 岁以上的教师数量与之相差不大,占调查样本的 28.7%,这种高龄化导致的直接后果是学校很多需要年轻教师参与的工作无法开展。

表 2-1　农村中小学教师年龄情况统计表

年龄	人数	百分比(%)
30 岁以下	97	32.8
31~45 岁	114	38.5
46 岁以上	85	28.7

再次,农村中小学教师的学历结构不合理。在调查中,我们对 A 县农村中小学教师的第一学历、第一学历毕业院校是否为师范学校及目前学历进行了调查。统计情况见表 2-2、表2-3、表 2-4:

表 2-2　农村中小学教师第一学历情况统计表

第一学历	人数	百分比(%)
中专以下	43	14.5
中专或中师	162	54.7
大专	71	24.0
本科	20	6.8

---

[1]　成轶.我国农村教师队伍建设的政策分析与建议[D].华中师范大学,2008.10.

表2-3　农村中小学教师第一学历毕业院校情况统计表

第一学历毕业院校	人数	百分比（%）
师范院校	195	65.9
非师范院校	101	34.1

表2-4　农村中小学教师目前学历情况统计表

目前学历	人数	百分比（%）
中专或中师	58	19.6
高中	1	0.3
大专	142	48.0
本科	89	30.1
硕士及以上	6	2.0

　　根据《中华人民共和国教师法（1993年）》的规定，从事小学教育的教师，必须"取得小学教师资格，应当具备中等师范学校毕业及其以上学历"。从表中，我们发现当前A县农村中小学教师的学历达标率接近100%，表面上看，农村中小学教师的学历达到了国家和地方的要求，但对其第一学历和目前学历二者进行比较后发现问题很多。一是农村中小学教师的第一学历多为中专或中师，占调查样本的54.7%，第一学历为师范院校的只有65.9%，可想而知，没有经过教育学和教育心理学的系统学习，教师对中小学教育教学的规律的掌握很有限。

　　另外，农村中小学教师通过全脱产学习方式获得目前学历的只占调查样本的28.7%，通过函授、自考和远程教育获得目前学历的教师分别占调查样本的33.8%、21.3%和16.2%。我们当然不能片面认为地以为通过函授、自考和远程教育获得学历就没有真才实学，但是近年来学历教育的名目日益繁多，教育质量参差不齐，因此通过非脱产方式获得学历的文凭含金量确实值得怀疑，不利于农村中小学教师队伍学历和学力素质上真正意义的提高。

表2-5　农村中小学教师获得最高学历的途径情况统计表

途径	人数	百分比（%）
全脱产	85	28.7
函授（电大、职大）	100	33.8
自考	63	21.3
远程教育	48	16.2

学科结构不合理。从学科结构上看,农村中小学的教师在学科结构上存在着较为严重的失衡问题。从表2-6中,我们可以看出,文科教师和理科教师比较充裕,音、体、美、信息等传统意义上的非主体学科的教师不足。在访谈中,我们还发现,教师身兼多门学科、教非所学的现象普遍存在,语文教师可以身兼所有文科课程,数学教师教授其他理科课程的现象不足为奇。尤其突出的是英语、信息等学科的教师在农村非常少,但是依据新课程标准学校又必须开课,很多老师根本没有接受过英语、计算机专业的学习或培训,一边自学,一边摸索中就对学生进行教学,其教育教学效果非常不利于学生的进一步发展。

表2-6 农村中小学教师任教科目情况统计表

科目	人数	百分比(%)
文科	108	46.2
理科	63	26.9
文理都有	36	15.4
音、体、美、信息等	25	10.7

2. 师德状况

中国一直有尊师重教的文化传统,在农村,通过教育跳过龙门的事例举不胜举,但是,仍然有许多农村教师选择离开教师岗位。究其原因,一方面由于市场经济的推动,许多农村教师在物欲横流的社会迷失了自己;另一方面越来越多的农村教师不愿过着相对清苦的生活,而选择另谋出路,农村中小学教师的整体素质低影响了教育质量,广大农村家庭从教育上看不出发家致富的希望。毋庸置疑,经济社会中"人不为己,天诛地灭",一味追求物质和财富,享乐主义至上的社会潮流对农村教师的师德是具有消极影响的。但另一方面,值得警惕的是在岗农村中小学教师中的不正之风正浓。本书作者在两次调查中发现有一些教师在教学之余不是和家庭成员共同营造良好的家庭文化氛围,而将家庭变成为玩扑克、搓麻将的主战场。在信息快速变化的时代,教育方式方法发生了很大的变革,许多农村地区由于信息渠道不灵,致使很多农村教师不思进取,对现代科技知识知之甚少,一些教师为人师表的意识开始弱化,缺乏现代学生观,在尊重、关心、爱护、引导学生等方面做得不够,忽视学生人格、侮辱体罚学生的情况也时有发生。

同时,由于工作压力的增大,使得许多教师产生心理卫生问题。在调查中,很多教师表示"每天觉得很累",大部分教师认为"教师越来越难当,压力很大"。这些因素影响了教师专业思想的稳定和对教师工作的科学态度。

（二）教师自身的认同情况

本书作者主要从职称变化情况、教师业余时间的安排、教师职业认同、教师对专业知识和教育教学规律掌握等方面来考察教师自身提升的状态。

表2-7　调查样本农村中学教师职称结构

		频率	百分比	有效百分比	累积百分率
中学	中学三级	14	9.3	9.3	9.3
	中学二级	35	23.2	23.2	32.5
	中学一级	73	48.3	48.3	80.8
	中学高级	11	7.3	7.3	88.1
	无	18	11.9	11.9	100.0
	合计	151	100.0	100.0	

表2-8　调查样本农村中小学教师职称结构

		频率	百分比	有效百分比	累积百分率
小学	小学初级	9	6.2	6.2	6.2
	小学中级	40	27.6	27.6	33.8
	小学高级	85	58.6	58.6	92.4
	无	11	7.6	7.6	100.0
	合计	145	100.0	100.0	

从表2-7和表2-8中可以看出,调查样本中湖南省A县农村中小学中、高级职务教师的比例较大,远远超过2001年12月30日,教育部印发的《中小学教师队伍建设"十五"计划》中要求的"到2005年,全国小学教师中具有中、高级职务[1]的比例应分别达到38%和2%以上;初中教师中具有中、高级职务的比例应分别达38%和6.5%以上"[2]。由此可见,农村中小学教师职务结构得到了明显的改善。

---

[1] 《中学教师职务试行条例》规定,中学教师职务分为中学高级教师、中学一级教师、中学二级教师、中学三级教师。中学高级教师为高级职务,中学一级教师为中级职务,中学二级、三级教师为初级职务。《小学教师职务试行条例》规定,小学教师职务分为小高级教师、小学一级教师、小学二级教师、小学三级教师。小学高级教师为高级职务,小学一级教师为中级职务,小学二级、三级教师为初级职务。

[2] 若真、庶毅主编:《最新中小学教师政策法规问答》[Z].新华出版社,2003(8):172.

表2-9 教师对自身职业的认同情况

当中学(或小学)教师让我很有成就感		频率	百分比	有效百分比	累积百分率
有效数据	很不认同	23	7.8	7.8	7.8
	不太认同	45	15.2	15.2	23.0
	说不清楚	2	0.7	0.7	23.7
	比较认同	211	71.3	71.2	94.9
	非常认同	15	5.1	5.1	100.0
	合计	296	100.0	100.0	

表2-10 教师对工作挫折感的感受情况

我的工作让我感到挫折沮丧		频率	百分比	有效百分比	累积百分率
有效数据	很不认同	47	15.9	15.9	15.9
	不太认同	139	47.0	47.0	62.8
	说不清楚	57	19.3	19.3	82.1
	比较认同	41	13.9	13.9	95.9
	非常认同	12	4.1	4.1	100.0
	合计	296	100.0	100.0	

从表2-9的结果来看,就教师对自身职业的认识来看,76.3%的教师认为当中小学教师很有成就感,只有4.1%的教师感到自己的工作让人觉得挫折沮丧,说明目前大部分教师表现出较强的认同感。

表2-11 教师对教育教学规律的掌握情况

我很了解现阶段学生心理,遵循规律教学		频率	百分比	有效百分比	累积百分率
有效数据	很不认同	3	1.0	1.0	1.0
	不太认同	36	12.2	12.2	13.2
	说不清楚	35	11.8	11.8	25.0
	比较认同	194	65.5	65.5	90.5
	非常认同	28	9.5	9.5	100.0
	合计	296	100.0	100.0	

从表2-11的统计数据可以看出,75%的教师认为自己很了解现阶段学生心理,能够遵循规律教学。在听课中,我们也发现绝大部分教师能够熟练运用学科知识,很好地驾驭课堂,

课堂气氛也比较活跃。

表2－12　教师对教学专业知识的掌握情况

我认为自己掌握的学科知识很丰富		频率	百分比	有效百分比	累积百分率
有效数据	很不认同	7	2.4	2.4	2.4
	不太认同	47	15.9	15.9	18.2
	说不清楚	92	31.1	31.1	49.3
	比较认同	115	38.9	38.9	88.2
	非常认同	35	11.8	11.8	100.0
	合计	296	100.0	100.0	

表2－12中的数据显示,大多数从事教学的教师对所任教学科的专业知识和传统课堂教学法的掌握较好,有38.9%的教师认为自己掌握的学科知识很丰富,11.8%的教师认为自己掌握的学科知识很丰富。表2－13的数据显示,大部分的教师经常学习与自己工作有关的知识。

表2－13　教师主动学习与自己工作有关知识的情况

我经常学习与自己工作有关的知识		频率	百分比	有效百分比	累积百分率
有效数据	很不认同	6	2.0	2.0	2.0
	不太认同	20	6.8	6.8	8.8
	说不清楚	31	10.5	10.5	19.3
	比较认同	189	63.9	63.9	83.1
	非常认同	50	16.9	16.9	100.0
	合计	296	100.0	100.0	

表2－14　新课程改革对教师的影响情况调查

新课程改革对教师要求更高,您是否感到自己所掌握的知识有些老化		频率	百分比	有效百分比	累积百分率
有效数据	从来没有	35	11.8	11.8	11.8
	偶尔	187	63.2	63.2	75.0
	比较多	37	12.5	12.5	87.5
	经常有	37	12.5	12.5	100.0
	合计	296	100.0	100.0	

从表 2-14 的数据可以看出,新课程改革让教师重新思考自己的知识是否顺应改革的要求。有 12.5% 的教师经常感到自己所掌握的知识老化,只有 11.8% 的教师从未感到自己掌握的知识老化。

表 2-15　教师参加培训的原因调查

		频率	百分比	有效百分比	累积百分率
有效数据	提升自身素质,增长见识	228	77.0	77.0	77.0
	为了评职称	57	19.3	19.3	96.3
	学校硬性要求	10	3.4	3.4	99.7
	培训费不需要自己承担	1	0.3	0.3	100.0
	合计	296	100.0	100.0	

表 2-15 的数据显示,77% 的教师是为了提升自身素质,增长见识才去参加培训。19.3% 的教师是为了评职称才去参加培训,3.4% 的教师是因为学校硬性要求才去参加培训,0.3% 的教师因为培训费不需要自己承担才去参加培训。

表 2-16　教师不愿意参加培训的原因调查

		反应		情况所占百分比
		调查人数	百分比	调查人数
有效数据	忙于各种检查,没时间	73	14.0%	24.7%
	工作量太大,没时间	187	35.8%	63.2%
	经济上承受不起	109	20.8%	36.8%
	培训知识老化,方法陈旧	32	6.1%	10.8%
	培训走过场,无实效	122	23.3%	41.2%
	合计	523	100.0%	176.7%

表 2-16 中的数据显示,教师不愿意参加培训的主要原因是因为工作量太大,没时间,其次是培训走过场,无实效,经济上承受不起。

表2-17　教师业余时间安排情况

		反应		情况所占白分比
		调查人数	百分比	调查人数
有效数据	家人	282	47.6%	95.3%
	朋友	147	24.8%	49.7%
	同事	88	14.9%	29.7%
	独自	75	12.7%	25.3%
	合计	592	100.0%	200.0%

表2-17显示,在业余时间安排上,95.3%的农村中小学教师和家人渡过,25.3%的农村中小学教师独自相处,只有29.7%的农村中小学教师选择与同事渡过工作之外的时间。

表2-18　教师获得现在学历的途径

		频率	百分比	有效百分比	累积百分率
有效数据	全脱产	76	25.7	25.7	25.7
	函授(电大、职大)	105	35.5	35.5	61.1
	自考	69	23.3	23.3	84.5
	远程教育	46	15.5	15.5	100.0
	合计	296	100.0	100.0	

表2-18显示,有25.7%的教师选择通过全脱产提高学历,有35.5%选择通过函授,有23.3%选择通过自考,有15.5%选择通过远程教育提高学历。

在调查中,一方面,我们发现农村中小学教师已经意识到自身素质提升对农村教育发展的重要性,在主观上有提升自己的愿望,积极主动地提高教师专业化水平。另一方面,虽然农村中小学教师对自己在授课过程中的变化、自身教研能力的提高持积极的评价,信息高速发展给农村中小学教师带来了很多有用的共享资源,很多教师努力利用这些资源提升自身素质,伴随而来的还有农村中小学教师难以克服的困难。

A老师(从事英语教学两年):教书两年,我喜欢新课改提倡的合作性学习、探究性学习的理念,我在课堂中经常这样做,这和以前我上学的时候很不同。例如:在对话环节,我努力创设宽松愉悦的气氛,让学生自由组合,寻找伙伴完成对话,以此提高他们的英语听说能力。因为是学生自由选择,他们的积极性比较高,课堂气氛很活跃,但是农村学生英语水平较低,有时候课堂上会乱一些。教研组的老师觉得我这样做不行,课堂纪律松散,不能教学成绩,有放任学生的嫌疑。但是如果让我指定学生组合,很多学生坐在那里不开口说英语。学习英语重在听、说、读、写,学生之间不互相听说读的话,英语的运用能力就大打折扣,这是我在课堂中遇到的难题,有时候,我真的不知道应该让学生"自由"些,还是"老实"些。

B 老师(从事物理教学近六年):我们学校现在也有了机房,这给我和同事们带来了很大的方便。工作之余,我经常去机房上网,看看别人的教学论文、教案、课件、教育博文等,在看了一些优秀的教学案例和课件之后,我才发现我们学校真是困难啊!人家上课用的那些教具,我们根本就没有。制作课件,进行多媒体教学更是可望而不可即的事儿。所以,很多时候我们原本可以让学生根据模型或图示进行研究性学习的内容,只能对着课本上的插图"照本宣科"。

C 老师(从事数学教学十年):现在的教材强调综合性、就用性,特别是一些课后习题,往往涉及不同的学科领域,既有学科间的综合,也有学科内的综合,综合性、应用性特别强,有时候我真的觉得挺难的。

从以上三位教师的谈话中可以看出,在新课程改革的推动下,教师的专业理念已经发生了转变,他们在努力应对,通过网络等其他途径提高自己的专业能力。与此同时,他们也面临着一些无法解决的难题,比如 A 老师面临的是开放性课堂受到不同教学理念教师的非议,实为教师团体教育理念的不同而影响了教师间的合作与交流;B 老师深受农村教学资源匮乏之苦,即便在新课改的要求下,农村学校配备了一些教学用具,仍然是不能满足正常的教育教学要求,再加上农村教师负担普遍较重,很多教师根本没有更多的时间和精力去想办法解决教学过程中遭遇的困难,从而导致对自身素质提升的无能为力;C 老师在教学过程中发现自身的知识结构亟待整合和调整,需要来自外部地积极引导。

(三)教师素质状况评析

教师素质提升主要包括教师的个体素质提升和教师队伍整体素质。新课程标准指出,教师教学能力的强弱不是看课上得如何漂亮,而是要兼顾学科知识传授、智慧探索和个性塑造,重视课堂教学中师生的情感交往与民主对话,尊重教学方法的创新与灵活,关照学生的健康成长与全面发展。[①] 为了解农村教师教学能力的现状,本书作者主要选取教学知识、教学方法、课堂教学资源、教学技术四个方面的指标来考察教师在教学改革中的情况。通过对问卷的统计分析,综合访谈和蹲点观察的实际情况,有如下发现:

1. 教学知识的理解力与更新力情况

本项调查主要通过问卷和访谈两种途径获取信息。问卷调查以知识类型、各自权重为指

---

① 于漪.语文课堂教学有效性浅探[J].课程·教材·教法,2009(6):31-35.

标展开考察。新课程对教学知识的需求已经彻底改变教科书统一课堂的传统局面。教学知识的理解与更新可以从知识类型和各自权重两个层面加以分析。从知识类型上看,新课标要求教学知识应分为:一是教科书及教学参考书提供的静态知识(A型)。二是教师和学生个人的知识(B型)。也就是说,教师个人知识包括教师的社会阅历、价值判断、处事方式等专业知识以外的一切知识;学生的个人知识包括学生兴趣、经验和原有知识等。三是师生互动产生的新知识(C型)①,即在师生互动的课堂,A型知识和B型知识安排到特设课堂场景中,经过师生间的直接交流,有时甚至激烈碰撞促成这些知识间的融合、修正与再生,从而衍生出新知识。从知识权重看,新课标要求减少A型知识,使之成为三类知识所占比例最少的,B型和C型知识进入课堂,逐步增加其比例,尤其是突出C型知识的投放与开发,使之成为三类知识所占比例最大的。这样促使学生经过自己的主动思索和真实体验,获取新知识,培养学生的创新能力和实践能力。

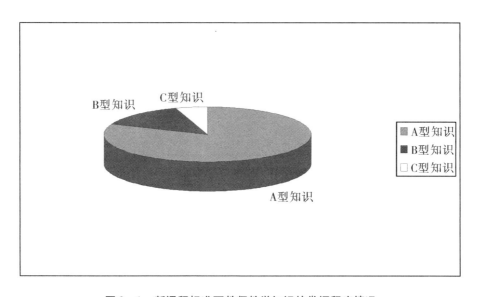

图2-1　新课程标准下教师教学知识的掌握程度情况

　　然而,调查的统计结果表明(如图2-1所示),从知识类型维度分析,在课堂教学中,81%的被试教师仍然重视教科书,迷恋教参和教案,倾向于采用"结构化""封闭式""权利型"的控制方式,把A型知识作为教学知识的重点,很少关注B型知识的开发与融合,几乎无C型知识。14%的被试教师偶尔根据教学内容纳入B型知识,把自己和学生的个人知识融入课堂教学之中,合理科学地调整教学知识,而不是照本宣科。5%的被试教师(集中在县镇学校的教师)偶尔把C型知识纳入教学知识领域,采取"非结构化""开放式"的控制方式,注重师生的

① 付道春,徐长江.新课程与教师角色转变[M].北京:教育科学出版社,2001:23-40.

互动和动态知识的产生。从教学知识的理解度看,本书作者主要通过蹲点观察,对已进行新课堂教学改革的课堂进行审视,发现有大部分教师还未能合理体会学科知识的实践性特点,未能合理设计课堂实践活动来培养学生。

2. 教学方法的选取与运用情况

新课程倡导教师要"尊重学生多元理解"。基于此,教师应该让课堂成为师生共同学习、共同成长的场所,应该更喜欢教学方法的深层次理解。调查结果显示,在课堂教学方法的选择上,A 县虽然有 28% 的教师能运用质疑教学法、合作学习法和情境教学法等新方法,但仍有 72% 的教师采用简单谈话式,甚至运用传统的"注入式"方法进行教学,强调知识的回忆,生搬硬套、脱离学生真实世界的练习。在教法与学法的结合度上,只有30% 的教师能既重视教法,又重视学法,而剩下的多数教师只重视教法不重视学法,有的甚至既不重视教法也不重视学法。可见,大部分教师在教学中没有根据学生需要和学习风格而变化教法,没有重视学生的参与。在教学方法的多元化上,有 35% 的教师在课堂教学上能灵活运用多种教学方法,但是还有 65% 的教师习惯于运用单一的教学方法。在教学方法反馈方面看,被调查教师中只有 25% 善于及时利用课堂教学反馈结果,适度调节课堂教学方法,75% 的教师基本上不进行教学评价与反馈,没有更新自己的教学方法。(如图 2 - 2 所示)

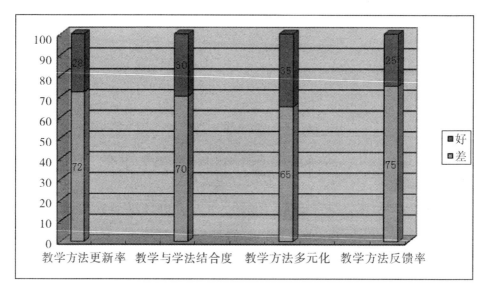

图 2 - 2 新课程标准下教师课堂教学方法的选择与运用情况

从访谈和蹲点观察中了解到,大部分教师没有对自己运用的教学方法进行课后反思、评价和改进。在课堂教学方法的掌握度上,有些教师未能准确把握新课程倡导的教学方法的宗旨,往往把"学生参与"误解为"教师的放权",轻易放弃教师的主体性,一味地"迁就"学生,"跟"着学生走。事实上,这种"迁就"的"尊重"往往容易导致课堂闹剧,甚至使课堂失去原有的严肃与科学。

3.课堂教学资源管理情况

按照教学实际需求,本书作者把课堂教学资源分为教学时间、教学场所、教学设备和师生关系等。在新课程背景下,教师应该合理组织和管理教学时间、场所、设备和其他资源,重视有限度有计划的师生间和生生间的多维度互动,注重师生间的主体互动,快速、有效处理学生课堂行为问题,建立有效的课堂管理程序,促进学生最大化参与,创造一个良好的课堂学习环境[①]。

然而,农村课堂教学资源管理现状与新课程要求还有很大的距离(如表2-19)。在教学时间安排上,85%的被试教师把教学时间单纯地理解为教授教学内容的时间,没有把课堂突发事情管理纳入其中,也就是说,当事先未预料到的课堂问题出现时,教师应该重新组织和灵活分配课堂时间,但是在现实中,大多数教师往往茫然无措,缺少灵活变动的能力。在教学场所选择上,只有大约8%教师能变换教学场所,其他被试教师基本上都遵循传统三中心模式,把教室当作农村教学的唯一场所,没有根据教学内容和学生需求,适当变换教学场所,增强学习理解和学习兴趣。在教学设备使用上,只有3%的被试教师能比较灵活地使用教学设备,42%的被试教师只在上公开课时,偶尔才会利用学校的教学设备来展开学科教学,55%的教师基本上不用现代教学设备来辅助教学。另外,调查发现,有86%的农村教师不能熟练利用现代教育技术设计、编辑包含文字、声音、图像和视频的高质量多媒体课件。在师生关系层面方面,从课堂教学气氛看,师生相处融洽,能使学生愉快学习的课堂教学占60%,师生关系不协调,课堂气氛紧张的课堂教学占14%;从教师的受欢迎度看,深受学生喜爱的教师占60%,让学生感到厌恶的教师占6%。

表2-19　教师课堂教学资源管理情况

资源管理类别	很合理	一般合理	不合理
教学时间安排	灵活组织分配时间,7%	按需求分配时间,85%	随意、没计划,8%
教学场所选择	按需求灵活变换场所,2%	偶尔变换场所,6%	教室是唯一场所,92%
教学设备使用	按教学需求灵活使用,3%	公开课使用,42%	基本上不用,55%
师生关系处理	课堂教学气氛融洽,60%	教学气氛较好,36%	教学气氛不协调,14%
	受欢迎的教师,60%	师生关系一般,34%	不受欢迎的教师,6%

---

① 蔡敏.美国中小学教师评价及典型案例[M].北京:北京大学出版社,2009:120-123.

总体而言,新课程改革给农村中小学教师注入了一股新的活力,这股活力是他们提升自身素质的动力,同时很多教师也感受到了压力。农村中小学教师在积极应对新课程改革时,虽然面临着自身暂时无法克服的困难,但大部分教师对新课改的态度是积极向上的,而非消极倦怠,可以说,新课程改革对于提升农村中小学教师的素质可谓机遇与挑战并存。

第三章　利益相关者对教师素质提升的关注情况分析

本章主要从学生对教师素质的要求、家长对教师素质的关注、学校管理者对教师素质提升的支持、教师自身素质提升的状态、政策实施情况等方面入手,考察湖南省农村中小学教师素质提升的现状。

一、学生对教师素质要求的评价

本部分主要采取两个开放性问题"你认为什么样的老师才是你心目中的好老师""你会经常找老师谈心或是向老师请教课堂上没听懂的内容吗",一个封闭性问题"学生会主动向你请教一些较难解答的问题吗"去调查学生对教师素质的要求。从访谈结果看,大部分的中小学生喜欢性格活泼、和蔼可亲、上课风趣幽默的老师,绝大多数的中小学生不会去找老师谈心,也不会向老师询问那些上课没听懂的内容。

表 3 − 1 显示,在对"学生主动向你请教一些较难解答的问题"的回答中,5.7%的教师选择了从来没有,38.9%的教师选择了偶尔,30.4%的教师选择了比较多,只有25%的教师选择了经常有。

表 3 − 1　学生主动向教师请教一些较难解答的问题

学生主动向教师请教一些较难解答的问题		频率	百分比	有效百分比	累积百分率
有效数据	从来没有	17	5.7	5.7	5.7
	偶尔	115	38.9	38.9	44.6
	比较多	90	30.4	30.4	75.0
	经常有	74	25.0	25.0	100.0
	合计	296	100.0	100.0	

二、家长对教师素质的关注情况

本文主要从家长向教师询问课堂教学内容、要求教师在课堂上关照自己孩子、和教师沟通孩子的教育问题等方面来了解家长对教师素质的关注情况。

表 3-2　家长向教师询问课堂教学内容的情况

家长向教师询问课堂教学内容		频率	百分比	有效百分比	累积百分率
有效数据	从来没有	43	14.5	14.5	14.5
	偶尔	196	66.2	66.2	80.7
	比较多	33	11.1	11.1	91.9
	经常有	24	8.1	8.1	100.0
	合计	296	100.0	100.0	

表 3-2 的统计数据显示,14.5% 的家长从来没有向教师询问课堂教学内容,66.2% 的家长偶尔会向教师询问课堂教学内容,11.1% 的家长比较多地向教师询问课堂教学内容,8.1% 的家长经常向教师询问课堂教学内容。

表 3-3 的统计数据显示,5.1% 的家长从来没有要求教师在课堂上特别关照自己的孩子,27% 的家长偶尔会要求教师在课堂上特别关照自己的孩子,47.3% 的家长比较多地要求教师在课堂上特别关照自己的孩子,只有 20.6% 的家长经常要求教师在课堂上特别关照自己的孩子。

表 3-3　家长要求教师在课堂上特别关照自己孩子的情况

家长要求教师在课堂上特别关照自己孩子		频率	百分比	有效百分比	累积百分率
有效数据	从来没有	15	5.1	5.1	5.1
	偶尔	80	27.0	27.0	32.1
	比较多	140	47.3	47.3	79.4
	经常有	61	20.6	20.6	100.0
	合计	296	100.0	100.0	

表 3-4 的统计数据显示,在对"家长经常要求和教师沟通孩子的教育问题"的认同情况调查中,8.8% 的教师选择了很不认同,25.7% 的教师选择了不太认同,8.4% 的教师选择了说

不清楚,48.3%的教师选择了比较认同,8.8%的教师选择了非常认同。

表3-4 家长和教师沟通教育问题的情况

家长经常要求和教师沟通孩子的教育问题		频率	百分比	有效百分比	累积百分率
有效数据	很不认同	26	8.8	8.8	8.8
	不太认同	76	25.7	25.7	34.5
	说不清楚	25	8.4	8.4	42.9
	比较认同	143	48.3	48.3	91.2
	非常认同	26	8.8	8.8	100.0
	合计	296	100.0	100.0	

三、学校管理者为教师素质提升的投入情况

本文主要从教师参加培训的机会和次数、教学条件、学校对教师的管理、学校领导对教师的信任感等方面考察学校管理者为教师素质提升提供环境的情况。

表3-5 进修机会情况

进修机会		频率	百分比	有效百分比	累积百分率
有效数据	很多	25	8.4	8.4	8.4
	比较多	59	19.9	19.9	28.4
	一般	54	18.2	18.2	46.6
	比较少	56	18.9	18.9	65.5
	很少	102	34.5	34.5	100.0
	合计	296	100.0	100.0	

从表3-5和表3-6中可以看出,农村中小学教师参加培训的机会很少,进修次数更是少之又少,19.9%的教师居然没有参加过培训。

表 3 - 6　进修次数

	进修次数	频率	百分比	有效百分比	累积百分率
有效数据	10 次以上	31	10.5	10.5	10.5
	8 次左右	31	10.5	10.5	20.9
	5 次左右	81	27.4	27.4	48.3
	2 次左右	94	31.8	31.8	80.1
	没有	59	19.9	19.9	100.0
	合计	296	100.0	100.0	

表 3 - 7　学校为教师提供的教学条件是否充分

		频率	百分比	有效百分比	累积百分率
有效数据	很充分	14	4.7	4.7	4.7
	比较充分	51	17.2	17.2	22.0
	一般	153	51.7	51.7	73.6
	不太充分	43	14.5	14.5	88.2
	很不充分	35	11.8	11.8	100.0
	合计	296	100.0	100.0	

从表 3 - 7 的数据显示,在课堂教学中,11.8% 的教师认为学校的教学条件很不充分,只有 4.7% 的教师认为学校的教学条件很充分。在课堂实习中,本书作者发现,绝大部分农村学校没有多媒体教室、语音室,计算机房形同虚设,教师上课的教具还停留在挂图、教师自己制作阶段。只有少数交通条件稍好,经济稍许宽裕的学校能够为教师提供便利、充分的教学条件。

表 3 - 8　学校领导对教师的信任情况

	学校领导对教师很信任	频率	百分比	有效百分比	累积百分率
有效数据	很不认同	7	2.4	2.4	2.4
	不太认同	56	18.9	18.9	21.3
	说不清楚	69	23.3	23.3	44.6
	比较认同	118	39.9	39.9	84.5
	非常认同	46	15.5	15.5	100.0
	合计	296	100.0	100.0	

表 3 - 8 的数据显示,只有 15.5% 的教师认为学校领导对教师很信任,18.9% 的教师不太认同"学校领导对教师很信任"。

表3-9　学校对教师管理的情况

学校管理不够人性化,缺乏公平公正		频率	百分比	有效百分比	累积百分率
有效数据	很不认同	22	7.4	7.4	7.4
	不太认同	100	33.8	33.8	41.2
	说不清楚	72	24.3	24.3	65.5
	比较认同	81	27.4	27.4	92.9
	非常认同	21	7.1	7.1	100.0
	合计	296	100.0	100.0	

表3-9的数据显示,在对"学校管理不够人性化,缺乏公平公正"的调查中,27.7%的教师选择了比较认同,41.2%的教师选择了很不认同或不太认同。

表3-10　学校给教师的工作量情况

学校给我的工作量从不超额		频率	百分比	有效百分比	累积百分率
有效数据	很不认同	55	18.6	18.6	18.6
	不太认同	98	33.1	33.1	51.7
	说不清楚	50	16.9	16.9	68.6
	比较认同	79	26.7	26.7	95.3
	非常认同	14	4.7	4.7	100.0
	合计	296	100.0	100.0	

表3-10的数据显示,51.7%的教师认为学校给教师分配的工作量超额,只有4.7%的教师认为学校分配的工作量没有超额。

表3-11　学校对教师评价情况的调查

以分数和升学率的单一评价模式来衡量工作,让我苦恼		频率	百分比	有效百分比	累积百分率
有效数据	很不认同	13	4.4	4.4	4.4
	不太认同	32	10.8	10.8	15.2
	说不清楚	39	13.2	13.2	28.4
	比较认同	115	38.9	38.9	67.2
	非常认同	97	32.8	32.8	100.0
	合计	296	100.0	100.0	

表 3-11 的数据显示,在对"以分数和升学率的单一评价模式来衡量工作,让我苦恼"的调查中,28.4%的教师选择了"很不认同""不太认同""说不清楚",38.9%的教师比较认同,32.8%的教师非常认同。

教师素质提升的另一个重要保障是学校对教师的有效管理。只有建立科学合理的教师管理制度,才能实现教师队伍的有效管理,才能充分调动每一位教师的工作积极性。[①] 在调查中,本书作者发现,很多学校制定了一系列的教师培训、管理、培养制度,如《关于加强农村中小学教师队伍建设的若干办法》《××小学名师工程方案》《××小学骨干教师管理办法》《××小学中青年教师培养计划》《××小学校本培训管理办法》《××小学教师责任追究制度》《××小学教师聘用标准》等。从表面上看,这些办法和规定对于农村中小学教师的个人素质发展是有利而且有用的,但在实际的操作过程中,本书作者发现在农村中小学教师队伍地管理中仍然存在着教师人事管理制度不健全,用人机制不灵活,竞争机制不合理,教师工资待遇低,工资福利不能及时兑现等问题。首先,缺乏公平、公开、公正的竞争激励机制,降低了教师的责任意识,高素质的农村教师进不来,低素质的农村教师出不去。其表现是教师的合理、有序流动存在制度性障碍,教师队伍流动不通畅,不适合农村中小学教师队伍的低素质教师辞退不掉,适合农村教育发展的高素质教师补充不进来,教师队伍中的结构问题、素质提升问题、生机与活力问题等得不到解决。其次,"论资排辈"现象严重。与农村中小学教师发展密切相关的职称评定、工作评价、工资等级等制度不完善。再次,一些改革措施在学校中落实不到位。近年来,湖南省积极推行了"按需设岗、公开招聘、平等竞争、严格考核、量才而用"的教师聘用制度,在一定程度上打破了教师职业的终身制,唤醒了教师的危机意识。但计划经济时代的影响,使得地方教育主管部门和学校管理者的民主意识淡薄,管理理念落后,方式方法与现行改革相悖。调查中,本书作者发现,很多农村中小学校实行的是现有教师队伍的全员聘用,所谓的教师聘用制就是和所有登记在册的农村中小学教师签订一份合同而已。最后,农村中小学校长的责、权不统一。虽然对教师的管理权已经下放到基层,但对教师的最终管理权均不在学校。作为一校之长的校长虽然深知每位教师的能力水平,但无权决定教师的去留,无权决定教师工资、职称的高低,校长处于一种有职无权的尴尬境地。

四、农村中小学教师素质提升的政策实施状况

(一)国家对农村中小学教师素质提升的制度支持现状

基础教育的重点在于农村,农村教育的关键在于教师队伍,农村教师队伍建设中存在的

---

① 张琳. 农村中小学教师队伍建设问题归因分析[J]. 天津市教科院学报,2006(8):37.

问题多且复杂,任重而道远。中央和地方政府对此非常重视,为了提高农村教育质量,解决农村教师素质提升中存在的问题,进一步加强农村教师队伍建设,中央和地方政府制订了一系列的政策。

1. 创新农村教师补充机制,实施"特岗计划"和"硕师计划"

2006 年,教育部、财政部、人事部、中央编办四部委联合下发《关于实施农村义务教育阶段学校教师特设岗位计划的通知》,决定从 2006 年起,用 5 年的时间实施,公开招聘高校毕业生到"两基"攻坚县农村义务教育阶段学校任教,以初中为重点,兼顾小学。通知对该项计划的目的、任务、实施范围、资金安排、实施原则和步骤、教师的招聘的相关事宜以及保障政策等做了具体的规划。其目的在于"引导和鼓励高校毕业生从事农村教育工作,逐步解决农村师资总量不足和结构不合理等问题,提高农村教师队伍的整体素质"。该项计划所需经费由中央和地方财政共同承担,以中央财政为主,以人均 1.5 万元为基准,与地方财政据实结算,高出部分由地方政府承担。招聘职位则按学科结构,科学搭配。一般一个县(市)安排 100 个左右,一所学校安排 3～5 人。招聘工作由省级教育、人事、财政、编办等相关部门共同负责,遵循"公开、公平、自愿、择优"和"三定"(定县、定校、定岗)原则,按下列程序进行:公布需求→自愿报名→资格审查→考试考核→集中培训→资格认定→签订合同→上岗任教。[①]

2006 年国家启动实施"特岗计划"以来,共招聘特岗教师 9 万多人,覆盖 500 多个县、7000 多所农村学校。2009 年,湖南省首次启动实施"特岗计划",共招聘 2466 名优秀本专科毕业生充实到农村义务教育阶段学校任教,2010 年湖南省"特岗计划"教师扩大到 62 个县市区,其中 59 个县市区有需求计划,共招聘特岗教师 3566 名,其中初中 1250 名,小学 2316 名。A 县两年来共招聘 154 名特岗教师,其中小学教师 98 名。"特岗计划"的实施,有效缓解了农村地区教师紧缺和结构性短缺矛盾,改善了农村中小学教师队伍的学历结构、学科结构和年龄结构,提升了农村中小学教师队伍整体素质,促进了义务教育的均衡发展。

"农村学校教育硕士师资培养计划"(简称"硕师计划")最初于 2004 年开始实施,2010 年,教育部决定进一步扩大规模,要求各地将实施"硕师计划"与"特岗计划"紧密结合。具体可采取两种方式:一是录取为"硕师计划"研究生可同时应聘为特岗教师。聘为特岗教师的,先到设岗县的农村义务教育阶段学校任教服务三年,并在职学习研究生课程。第四年,到培养学校脱产集中学习一年,毕业时获硕士研究生毕业证书和教育硕士专业学位证

---

① 教育部,财政部,人事部,中央编办. 教育部 财政部 人事部 中央编办关于实施农村义务教育阶段学校教师特设岗位计划的通知[A]. 教师[2006]2 号. 2006 年 11 月 5 日.

书。二是对于具备普通高等学校本科学历、三年聘期内年度（或绩效）考核至少一年优秀并继续留在当地学校任教的表现突出的特岗教师，经任教学校和县级教育行政部门考核推荐，培养学校单独考核，符合培养要求的可推荐免试在职攻读教育硕士①。湖南省"硕师计划"于2009年10月开始启动，湖南师范大学、湖南大学和湖南科技大学为省内研究生推荐和培训学校，其中湖南科技大学具有"硕师计划"研究生专项推荐免试资格。这无疑给湖南省内中小学教师特别是农村中小学教师提高自身素质提供了极大的方便。湖南省首批"硕师计划"共有10个设岗县选拔了60多名毕业生，其中A县选拔了5名毕业生。

2. 提高农村教师素质，实施城乡教育对口支援

2005年10月8日，党中央提出要"切实提高师资特别是农村师资水平"。2006年2月21日，《中共中央国务院关于推进社会主义新农村建设的若干意见》进一步提出"加强农村教师队伍建设，加大城镇教师支援农村教育的力度，促进城乡义务教育的均衡发展"②。2006年2月26日，教育部印发了《关于大力推进城镇教师支援农村教育工作的意见》。意见指出，实施城乡教育对口支援的政策，包括在师资和物资上的支援，旨在提高农村教师素质，带动农村教育的发展。城乡教育对口支援的政策由"农村教师资助行动计划"和"城镇教师支援农村教育行动计划"组成。"农村教师资助行动计划"侧重于引导和鼓励高校的应届毕业生服务于农村基础教育，而"城镇教师支援农村教育行动计划"则重点在于激励城镇中小学的教师给予农村教育和农村教师现实的帮助③。各地积极组织大中城市教师支教、县域内城镇教师定期支教、组织高校毕业生支教、师范生实习支教、开展多种形式的智力支教活动。借鉴湖北省的成功经验，湖南省"农村教师资助行动计划"通过政策引导、经济上的激励、专家名师进行岗前培训等措施，每年从普通高校中，挑选优秀的本科应届毕业生支持农村的薄弱学校和农村学校的薄弱学科，其服务期为3年，3年内不准调动。

A县从2005年开始就建立了城乡教师交流制度。他们规定城镇中小学教师晋升高级教师以及参评优秀教师和特级教师，必须要有在农村中小学任教一年以上的经历。全县开展了多种形式的支教活动，县教育局成立了"A县学校结对帮扶和城镇教师农村任教工作领导小组"，局长尹柏青任组长。根据农村中小学的实际需要，组织城镇中青年骨干教师到农村中小学兼课、带教或"走教"，缓解农村中小学师资不足和学科结构失衡的矛盾。他们把这一工作做得较扎实，无论是任教服务个人还是结对帮扶学校，都必须填写专门制作的考核表，出勤、教学情况、担任班主任情况、工作实绩、师德修养、被派学校意见、考核结论、

① 湖南启动"硕师计划"[N].科技新报.2009年10月14日.
② 加强农村教师队伍的新举措[N].中国教育报,2006年5月19日.
③ 教育部.关于大力推进城镇教师支援农村教育工作的意见[A].教人[2006]2号.2006年2月26日.

教育局意见,都要认真填写并存档。各薄弱学校的师资水平从而普遍得到大幅度提升。像A县县城中心小学帮扶月溪乡中心小学,都已产生很好的社会效益和影响。

但是,总体而言,A县农村中小学城乡教师交流的机会还比较少,渠道还比较单一和狭窄,支教的方式还有形式化的倾向,支教的效率还有待提高,以城带乡、结对帮扶的良性互动新机制还未真正形成。访谈中得出,A县农村中小学有机会能有支教教师的农村中小学只是凤毛麟角,支教教师的工作只是承担一些课程的授课,没有和原有学校的教师组成学习班,共同学习和探讨教学改革,共同提高自身素养。

3. 创新教师培养机制,实施"国培计划"

作为《教育规划纲要》和《人才规划纲要》的重要内容,2010年教育部启动"卓越工程师教育培养计划",并推出"中小学教师国家级培训计划"。"中小学教师国家级培训计划",首期预计安排专项资金5.5亿元,包括"中小学教师示范性培训"和"中西部农村骨干教师培训"两项内容[①]。"中小学教师示范性培训"由中央本级财政每年划拨专项经费5000万元,主要面向中小学骨干教师和中小学骨干班主任教师进行分类、分层集中培训,农村义务教育学校教师远程培训和高中课程改革教师远程培训,对项目实施招投标机制,建立项目评估监管机制。"中西部农村骨干教师培训"由中央财政安排专项资金5亿元,采用农村中小学教师置换脱产研修、农村中小学教师短期集中培训、农村中小学教师远程培训相结合的方式,对中西部农村义务教育骨干教师进行有针对性的专业培训。

4. 创设尊师重教的氛围,实施师范生免费教育

2007年,国务院同意由教育部、财政部、人事部、中央编办组织实施《教育部直属师范大学师范生免费教育实施办法(试行)》,决定在北京师范大学、华东师范大学、东北师范大学、华中师范大学、陕西师范大学和西南大学六所部属师范大学实行师范生免费教育。免费师范生在入学时与学校和生源所在地省教育厅签订协议,承诺毕业后从事中小学教育十年以上。免费师范毕业生一般回生源所在省份中小学任教,到城镇学校工作的免费师范毕业生,应先到农村义务教育学校任教服务二年[②]。其目的在于进一步形成尊师重教的浓厚氛围,让教育成为全社会最受尊重的事业,培养出大批优秀的教师,鼓励更多的优秀青年终身做教育工作者。就近几年这六所部属师范大学录取的免费师范生情况来看,农村生源占了大半,均比上年录取的农村生源师范生增加了百分之十几以上。同时,免费师范生政策免除了师范生在校期间的学费、住宿费,并补助生活费,不但减轻了很多农村家庭的教育经济负担,还给农村的

---

① 教育部.教育部推出中小学教师国家级培训计划[A].教师[2010]4号.2010年6月11日.

② 教育部.关于教育部直属师范大学师范生免费教育实施办法(试行)的通知[A].国办发[2007]34号.2007年5月9日.

学生提供了更多更好接受高等教育的机会,为农村的基础教育储备了更多年轻优秀的中小学教师。

(二)地方政府对农村中小学教师素质提升的制度安排现状

近年来,湖南省政府把建设高素质教师队伍作为高质量、高水平"普九"和建设教育强省的根本措施,进一步解放思想、创新机制、强化措施,大力加强教师队伍特别是农村教师队伍建设。

1.创新教师教育模式,为农村培养优秀教师

一是夯实教师教育体系建设。2008 年 8 月,湖南省出台了《关于加强湖南省中小学(幼儿园)教师教育体系建设的意见》,进一步明确了新形势下教师教育体系建设的总体目标、体系构架及具体方案。建立省市统筹、分级决策的教师培养和使用管理体制,坚持以本专科师范教育为主体,以农村教师需求为重点,整合优化现有师范教育资源,分别按高中、初中、小学和幼儿教育的不同层次,每个层次确定以一所省属师范院校为主体进行培养,并科学配置和充分利用其他高校的师范教育资源的方式,探索中小学(幼儿园)教师培养新模式,以在职学历提升、知识更新培训与实际能力培养为重点,健全教师继续教育机制,为农村补充高素质教师提供人事政策保障①。

二是进一步深化教师培养模式改革。按照中小学各学段教师的实际需求,适时调整学科专业结构,大力培养中小学信息技术、英语、音乐、美术和综合类等农村教育急需的学科教师。按照新时期农村教师队伍建设的特点和基础教育课程改革的要求,采取优化课程结构,加强职业道德教育,强化实践环节和顶岗实习等措施,不断强化师范生专业素养和实践能力的培养,努力提高师范生教育质量。2008 年 8 月,湖南省正式启动师范生顶岗实习试点工作,以"综合编队,包班实习"的模式,每 6 人左右组成一个实习小队,承担一个班所有课程的教学工作②。让"在校师范生下去锻炼 农村教师上来培训"③,首批 152 名在校师范生在浏阳市、邵东县、芷江县的七所农村中小学的顶岗实习,取得了良好的效果。A 县三年来都未被省教育厅列入师范生顶岗实习试点县。

三是实施免费的定向培养农村教师计划。2006 年,湖南省正式启动"农村中小学教师定向培养专项计划",计划五年内为全省农村特别是边远贫困地区农村乡镇及以下小学免

① 湖南省教育厅.印发《关于加强湖南省中小学(幼儿园)教师教育体系建设的意见》的通知[A]. 2008 年 8 月 13 日.
② 湖南首批顶岗实习师范生下乡执教[EB/OL].中国教育在线. http://www.eol.cn/hunannews_5108/20080905/t20080905_323086.shtml. 2008 年 9 月 5 日.
③ 湖南试行师范生顶岗实习[N].科教新报.2008 年 12 月 19 日.

费定向培养五年制大专层次小学教师 1 万人,湖南省财政为此安排 2 亿元专项经费①。计划实施以来,已累计招收 5436 名优秀初中毕业生入学培养。2008 年,湖南省又启动了本科小学教育师范生免费定向培养试点工作,通过高考选拔了 180 名高中毕业生进入高校深造,免费为县城及以下农村中小学培养本科层次小学教师,并逐年加大专项经费投入的力度,扩大师范本科生免费定向培养规模,争取在 2015 年前后全面实施以本科师范院校为主免费定向培养农村中小学师资。湖南省教育厅每年为 A 县下达本科生计划 20 名,专科生计划 30 名。

2.加大教师培训工作的力度,提高农村教师整体素质

一是强化农村中小学教师全员培训。湖南省将农村教师信息技术培训与实施农村中小学现代远程教育有机结合起来,以校本培训为基础,以远程教育为依托,以新课程、新理念、新技术为重点内容,扎实开展了 5 年一轮的中小学教师全员培训②。全省义务教育阶段教师全部完成了新课程培训任务,40.8 万名专任教师接受了 240 学时以上的继续教育,15 万和 25.5 万人分别参加了信息技术初级、高级培训,4.8 万名教师参加了国家、省、市州三级骨干教师培训,3.5 万名中小学校长、幼儿园园长和教育管理干部参加了岗位培训③。A 县也将促进农村教师专业成长作为队伍建设的核心来抓,制定了《2005—2007 教师培训规划》《关于开展新一轮教师培训工作的意见》等文件,并以县教师进修学校为主阵地,以中小学校本研修为基础,以新理念、新道德、新技术和师德教育为重点、坚持“面向全员,突出骨干,倾斜农村”的方针,使很多农村教师有机会参加全县的初级、中级研修班、各类骨干班的学习、培训活动,为进一步提高农村教师的业务水平和教育素质提供了前所未有的良好机会。几年来,为农村学校培养了 400 多名县、市、省和国家级学科教学骨干和学科带头人,全县农村教师业务素质的迅速提升,促进了农村教育水平的较大提高。

二是实施农村薄弱学科教师专项培训。从 2004 年开始,湖南省专门开展了农村义务教育短缺学科教师专项培训。由省本级筹集专项资金,组织 45 所普通高等学校为全省农村乡镇中小学免费培训了 1 万名英语、计算机骨干教师和 1500 名农村中小学音乐、美术、体育、生命与健康等学科省级骨干教师。目前,全省 14 个市州普遍开展了短缺学科教师专项培训。

三是搭建农村中小学教师培训平台。按照“小实体、多功能、大服务”的要求,切实加强县

---

① 湖南免费定向培养万名师范生划拨两亿元专项经费解决农村中小学教师结构性矛盾[EB/OL]. 中国青年网. http://edu.youth.cn.2007 年 11 月 15 日.

② 中共湖南省委 湖南省人民政府.中共湖南省委、湖南省人民政府关于进一步加强农村教育工作的决定[A].湘发[2004]5 号.2004 年 2 月 25 日.

③ 中华人民共和国教育部.湖南省大力加强农村教师队伍建设[EB/OL]. www.moe.edu.cn.

级教师培训基地建设,计划在全省建设好 20 个国家级示范性县级教师培训机构。目前,全省共有 108 个县级教师培训机构,办学水平明显提升,其中有 2 个县级教师培训机构受到教育部通报表彰。此外,湖南省还建立了两个用于中小学教师学历提高培训的远程教育平台,并在 90 个县市区设立教学点,为边远地区农村教师享受优质教师教育资源提供了可靠的远程学习平台。2008 年又投资 600 万元,建成湖南省中小学教师远程培训专用平台,以满足新一周期中小学教师继续教育的需要。A 县教师进修学校作为该县唯一的小学教师培训机构,自 2001 年以来,非学历培训参训人数达 17904 人次,包括:普通话培训,每年进行两次,共培训 5030 人;中小学教师信息技术培训,初级培训 2177 人,高级培训共 2263 人;中小学教师继续教育培训,小学第一、二、三轮,共培训教师 3388 人,初中第一、二轮,共培训教师 1704 人,高中教师共 159 人参加培训。2010 年 11 月,133 名教师正在参加该校举行的"国培计划——A 县农村中小学教师远程培训班"。

四是保障农村教师培训经费投入。建立健全以政府投入为主、多渠道筹措教师培训经费的投入机制。湖南省政府明文规定,市县两级必须将教职工工资总额 1.5% 和学校年度公用经费预算总额 5% 的中小学教师继续教育经费,纳入教育事业费预算。自 2003 年以来,各级政府用于中小学教师继续教育的财政专项经费累计超过 3 亿元。

3. 完善体制机制体系,保障与稳定农村教师队伍

一是依法理顺教师管理体制。2004 年,湖南省政府发文重申,全省所有中小学教师的管理职能统一归口到县级以上教育行政部门,这些职能主要包括教师资格认定、招聘录用、职称评聘、培养培训、调配交流、档案管理和考核奖惩等,同时将教师管理体制的落实情况列入对县级政府及其党政主要负责人教育管理考核评估体系中,作为重要的考核内容之一。

二是落实农村教师扶持政策。针对湖南省农村教育人员分散、教学点点多面广的实际情况,在执行国家编制标准的基础上,还专门为农村学校增加了 3% 的附加编制,同时规定在校学生不足 23 人的农村教学点可以单独核定 1 个教师编制。

三是建立健全对口帮扶支教制度。近年来,湖南省教育厅组织经济较发达的 6 个市和 8 所高校对口扶持湘西自治州等 6 个国家扶贫开发工作重点县,与 1136 所民族贫困地区和欠发达地区的农村学校开展了结对支教,有 7400 余名受援学校的教师接受了支援学校的培训,选派 340 多名民族地区的中小学校长到较发达地区的学校挂职锻炼。同时,通过巡教、走教、特级教师讲学等方式开展多种形式的支教活动。

四是完善农村教师激励机制。2003 年,湖南省开始设立"农村优秀教师专项奖",对在县城以下农村中小学从教 15 年以上的优秀教师进行表彰,到目前为止,已累计奖励 1300 余人;

在特级教师评选文件中,明确规定申报指标的80%要用于教学一线教师,重点保证农村中小学教师特别是农村义务教育阶段的一线教师在评选中的比重。进一步完善农村教师的医疗、住房、养老和失业保险等社会保障机制,依法保障和改善农村教师待遇,努力为他们扎根农村、安心执教创造良好的外部环境。

五、农村中小学教师素质提升中存在的问题

从调查数据中,本文发现湖南省农村中小学教师素质提升中存在如下的问题:

1.学生求知欲不强,对教师质疑率低,没有成为教师素质提升的外部动力

农村中小学生的求知欲望不强,倾向于老师教什么,学生学什么,课本有什么,学生学什么,访谈的结果也印证了这一点,学生对教师的低质疑率是教师权威现象得以继续存在的条件之一。在新课程改革过程中教师的专业理念已经有了很大的提升,特别是各地制定了农村中小学教师素质提升工程后,很多农村中小学教师参加了新课程培训,教师的专业理念有了很大的提高,新课程改革的理念渐渐被广大的农村中小学教师接受。虽然绝大多数教师已经意识到要让学生学有所用,必须培养学生的创新精神,在课堂中展开合作性学习、探究性学习,要让学生主动学习,不能"填鸭式"地灌输,但在实践中,大部分教师的行为与思想却是背道而驰的。究其原因,一方面是大部分教师在接受培训时,并没有完全了解,还不能很好地把所接受的新知识运用到教育教学过程中。另一方面是国家提倡素质教育已经很多年,但是对素质教育质量的评估与测评还是以应试的方式进行,学生没有质疑教师素质高低的能力和途径,说到底,对学生的考查还是学生的解题能力,而非综合素质,以至于学生被动接受知识,而非探究知识。所以,大部分教师仍然会采取题海战术,宁愿给学生足够的时间做练习,也不愿让学生去主动探究,学生像一个容器一样,教师不停地向其中灌输知识,没有问为什么的机会。

2.家长观念陈旧、认识错位,成为教师素质提升的压迫性力量

新课程改革不仅要求教师转变教育观念,也要求社会和家长转变教育观念。在我国农村的新课改如火如荼进行过程中,家长的参与被不同程度地忽视,导致家长教育观念的转变与新课改步调不一致,阻碍农村中小学教师素质的提升,造成农村全面实施新课改的不协调性和不彻底性。家长认可自己心目中的好老师,对认为不好的老师嗤之以鼻。农村家长心目中的好老师标准是:(1)加班加点的教师才是好教师。农村家长普遍认为哪个教师上班教的东西多,哪个教师就是好老师,最好课余和周末时间能够经常给学生开小灶。(2)抓得紧、管得严的教师才是好教师。家长认为只有孩子怕老师,孩子才会好好学习他

所教的那一门科目,孩子连老师都不怕,肯定是那位老师没本事,不是好老师。(3)能够使子女的考试成绩提高的才是好老师。很多家长只看孩子的考试分数,不关注孩子道德品质的培养和个性的发展。(4)农村教师水平比城里教师低。只要家庭条件允许,农村家长就会为了孩子能在城里上学想方设法离乡背井去城里租房。从访谈中,本书作者发现家长对新课程改革和农村教师的错误认识使得农村家长对农村教师的评价普遍较低,造成了农村家长和教师之间关系的冷漠和情感的疏离,教师对发展与同事间的友好关系失去兴趣,使得教师在情感上变得避让和自我封闭。总之,来自家长和工作上的压力,以及社会地位的低下使得一部分农村中小学教师开始重新审视自己,对实现新课程改革中教师素质要求产生恐惧心理,农村中小学教师夹在家长和教育主管部门中间左右为难。

3. 教育管理出现偏颇,教师素质提升缺乏科学有效的指导

一是学历越高,素质越高的思想深入人心。从目前有关教师素质的调研报告可知,国家一直强调农村中小学教师的学历达标率和学历合格率,致使农村中小学教师普遍认为学历越高,素质就越高,殊不知"学历"和"学力"绝非等同。虽然湖南省 A 县农村中小学教师学历达标率占 95%,中学教师学历达标率达 98%,但是并不能真实地反映农村中小学教师的学力水平,许多教师为学历而考学历,学历补偿教育的低水平和随意性让这部分教师的学力水平与学历水平严重不符,业务水平没有得到进一步地提高,这从农村中小学校的教育教学质量和教师提高学历的途径中可以反映出来。只有 25.7% 的教师选择通过全脱产提高学历,有 35.5% 选择通过函授,有 23.3% 选择通过自考,有 15.5% 选择通过远程教育提高学历。同时,学历教育中学科不配套倾向严重,教师参加对口培训的不多,特别是农村中小学音、体、美、信息教师所学专业与所教学科不对口情况最为严重。

二是教育培训机会分配制度不完善。2001 年,为加强基础教育新课程师资培训,提高教师实施新课程的能力和水平,教育部先后下发了《关于开展基础教育新课程师资培训工作的意见》和《关于进一步加强基础教育新课程师资培训工作的指导意见》,组织实施了"暑期中小学教师新课程远程培训计划"。至 2005 年底,全国已有 700 万名义务教育阶段中小学教师通过各种形式接受了 40 学时的新课程培训。[①] 在农村,学历进修教育的费用全部由教师个人承担,而专业进修教育的费用则由教师、学校和教育主管部门共同承担。本文进一步发现,农村教育参加专业进修教育的分配制度极不完善,甚至很多农村中小学校根本没有专业进修教育制度。导致的直接后果是学校的教育培训计划并非按需分配,在培训机会上存在论资排辈的现象。

---

① 国家教育发展研究中心编著.2008 年中国教育绿皮书——中国教育政策年度分析报告[M].北京:教育科学出版社,2008.135 - 136.

　　三是教育管理人员素质有待进一步提升。教育管理人员不仅要管理好教师,更要为教师服务。教育管理人员首当其冲是新课程改革埋念的领军人物,先进教育方法的掌握者,"以教师为本,以学生为本"教育管理理念的实践者,教育管理人员素质的提升无疑对教师素质的提升具有重要的推动作用。当前,我国教师素质提升工程鲜有教育管理人员素质提升的内容,从事教育管理人员的管理水平、服务意识、教育观念和管理理念亟待改进。

第四章　阻碍农村教师素质提升的因素分析

从上一章对 A 县农村中小学教师素质现状的分析中,我们发现作为一个关系性范畴的教育场域,一方面,在教育场域中存在的"教育者、受教育者、管理者这些实体性教育要素并非以互不相干的零散状态存在,而是在彼此间结成的客观关系网络中得以互相确证;教育场域内客观存在的不仅仅是上述实体性要素,更有由这些实体之间生成的关系性要素。另一方面,教育场域又并非纯客观范畴,就其作为从关系角度认识和分析教育活动的一种工具看,教育场域是对教育活动和教育现象的一种新理解,成为分析教育活动与教育现象的一种新视角"[1]。从这个意义上来说,在新课程改革的大背景下,教师素质提升的关键就在于让教师认清自身所处的专业环境,认识教师自己及所在的教师集体,认识教师所在的学校,认识所教的学生,重新调整和发展出自己在学校教育场域中与各利益相关者之间的关系,且对于角色的责任能经由协商而更加清楚明确,而非限于传统意义上的专业权威或自主权,从而改变自己过去的从属和服从地位,而代之以基于共同发展的真诚的伙伴式的协作关系。

一、利益相关者的视角

毋庸置疑,在学校教育场域中,教师与学生之间、教师与家长、教师与家长之间、教师与组织制度之间、教师与上级管理者之间通常会形成某种意义上的冲突关系[2]。来自外界的压力有助于教师保持积极的职业进取心和工作活力,过度的冲突和矛盾,诸如过分的家长期望、不和谐的师生关系、不完善的组织管理制度等如果超出教师自身的心理承受能力,原本和谐共生的学校教育场域就会变成一个压迫性的系统,使教师的职业热情减退,职业认同感丧失,最终会导致教师不思进取、得过且过,教师素质提升也就无从谈起。

在不同时期,农村中小学教师素质提升的利益相关者可能会有所差别。但从总体来看,农村中小学教师素质提升的利益相关者通常包括学校管理者、学生、家长等,他们对于农村中小学教师的生存和发展有着至关重要的作用。

---

① 刘生全.论教育场域[J].北京大学教育评论,2006(1):84.
② 叶飞.场域压迫与教师的职业倦怠[J].师资培训研究,2006(1):11.

（1）学生是农村中小学教师的核心利益相关者。学生作为学校教育的"接受者"，是学校赖以存在的根本。学校提供教育服务，学生投入人力资本，成为学校教育中的顾客。学校内部的正常运行以学生为中心，要求学校不断地提高学校教育质量以满足学生的各方面需求，而教师素质的高低决定着学校教育质量的高低。

（2）学校管理者是农村中小学教师的关键利益相关者。学校管理者负责管理学校事务，具体执行学校的各项规章制度，为农村中小学教师素质的提升提供各种服务和制度性的保障，对教师素质的提升产生重要影响。一个以人为本的制度环境更有利于教师的成长，更有利于教师素质的提升，反之，则阻碍教师素质的提升。

（3）家长是农村中小学教师的重要利益相关者。家长作为学校教育的物质资本的直接投入者、人力资本的间接投入者，关心的是孩子自身健康成长、未来发展、完满生活、知识习得等需求的满足，他们主要从学校教育是否有益于孩子的发展来考量教师的素质，对教师的文化水平、教学技能、声誉等产生重要的影响。

（一）从教师与受教育者的关系看农村中小学教师素质提升

在学校教育中，教师教育的对象主要是学生，而家长作为学生的第一监护人，与学生相处的时间最多，对学校及学校教育产生重要的影响。

1.家长方面

在推进新课程改革的过程中，家长和教师由于在教育观念、教育出发点、教育方法、教育价值观、教育管理等方面的分歧，导致在学生的教育问题上产生相互排斥、敌对的行为或心理状态。农村中小学教师顺应新课程改革，在教育理念、教学方法、教学内容等方面的转变，在一些家长眼中却是教师不负责、不尽力、推诿卸责的借口，教师和家长相互疏离，关系淡漠。

（1）在教育理念上，家长质疑"面向全体学生"。很多家长觉得，农村学校里每个班级的学生那么多，教师和社会上大部分人一样会对学习成绩好、家庭条件优越、父母有权势的学生给予更多更好地照顾，教师是不可能做到面向全体学生的。

（2）在教学方法上，家长质疑合作性学习、探究性学习。在访谈中，家长向本书作者抱怨：课堂上教师就讲十几分钟，剩下的时间就让学生自由讨论，教师不讲，学生怎么学习？

（3）在教学内容上，家长质疑综合性课程。很多家长认为教师的工作任务很轻，原因是教材越来越薄，几天孩子才学一节课。殊不知，新课程改革要求教师要拓展教材，扩大学生的知识面，注重学科内的综合和学科间的综合，向学生讲授一些教材之外的知识。

（4）在教学方式上，家长质疑第二课堂。新课程改革要注老师不仅要教学生读课本，还要教育学生关注社会。因此，教师要通过各种各样的教学方式组织学生学习。访谈中一位姓杨的老师告诉本书作者:"有一次,一名学生回家对家长说今天下午去山上写生了。这位家长就骂孩子跟着老师在学校里面'不务正业'。总之,只要教师采取与以前老老实实在教室里上课、让学生做习题不同的教学方式,家长知道后就会不放心,有的甚至找到学校来,所以教师探索一些不同的教学方式挺难的。"

(5)在教育管理上,家长认为教育是学校的事,家长只要负责孩子的衣食住行就可以。突出表现在以下两个方面:一方面,在农村,留守儿童的数量日益增多,很多家长将学生的学习完全视为教师的责任,造成教师工作强度增大。但教师工作强度增大——工作日益被苛求、被程序化,且非常耗时——并不意味着它变得更专业化(A. Hargreaves,1994)[1]教师的素质并没有得到切实地提高。另一方面,许多家长认为把孩子送到学校,学校就应该为他们提供一切方便,他们只管向学校和教师提出要求,因此,也出现了少数家长对教师提出一些不合理的要求。例如:要求教师更多地关注自己的孩子,排座位时要排在前面,站队要在第一排,上课还要多给孩子回答问题的机会,表演时要当主角等,这就是他们对孩子接受教育的理解。

家长对教师职业和新课程改革的认识不足,导致许多家长不尊重教师,指责学校,使教师长期处于身心疲惫的状态,从而影响教师提升自身素质的积极性和主动性。

2.学生方面

新课程改革要求教师成为学生学习的促进者,学习活动的引导者,教育教学的研究者,从这个意义上来说,教师的责任比原来更大,事实上,教师并没有相应地被赋予权力来履行这些责任。换句话说,教师对学生的学习成果负有责任,却没有保证产生这些学习成果的工具。更有甚者,由于学生对自身接受教育的责任越来越少,教师在课堂上的权威也因此受到了损害。师生关系在知识学习、道德情感上日益恶化。在访谈中我们发现,很多农村中小学教师认为所任教学校中留守儿童多,对他们的教育越来越难。

(1)在知识学习上,学生采取不参与的行为方式。在村小工作12年的刘老师说:"村小的孩子们主动完成学习任务和家庭作业的很少,每次单元测试、期中考试和期末考试不及格的人数大有人在。我教两个班的语文,没有时间也没有精力为这些学习落后的学生逐个辅导,孩子的家长对此也习以为常。新课程改革要求教师不仅关注学生全体,也要关注学生个体,我感觉很茫然。"从刘教师的谈话中,我们可以发现,学生的不参与行为不仅让教师对新课程改革产生茫然的心态,而且无形中让教师回避了这些学生。

(2)在道德情感上,学生不尊重教师,师生关系紧张疏远。在农村学校,学生对教师的不

---

① 操太圣.卢乃桂著.伙伴协作与教师赋权——教师专业发展新视角[M].北京:教育科学出版社,2007.50.

尊重行为主要包括:在课堂上吵闹和闲聊,课间和同学打架,打断教师的讲话,迟到早退,擅自离开教室,说谎,对着教师大喊大叫,不服从教师的管理,甚至对教师大打出手等。大部分教师在遭遇上述情况时都会觉得在处理纪律问题上很难把握好"度",教师这一职业索然无味,没有成就感,更谈不上自豪感,甚至产生脱离教师岗位的念头。

(二)从教师与管理者的关系看农村中小学教师素质提升

从教育发展的历史来看,虽然教师希望能够在没有外在力量直接监管的情形下行使专业权威,履行专业职责。但这几乎是不可能实现的,教师总是受到上级权威对其工作的监察,并要求他们讲求职业道德和接受问责。事实上,当老师就意味着某些程度的个人生活和专业行为是可以被公开检查的。这种教师与行政之间的"服从—监督"的关系至今未发生根本性的改变,而且有愈演愈烈之势。一些研究已经表明(吉特林,2001;奥尔森,2002),随着学校管理阶层力量的日渐扩大,教师基本上失去了对教学环境的控制权,而逐渐被异化为技工,其教学工作也愈发变得繁复和受到更具压迫性的控制。[1] 有研究者证明,如果教师欠缺足够的关于教学、管理、决策等方面的知识和处理实际总是的必需的智慧,则让教师参与决策和学校管理就不可能达到预期的效果,而所谓的给予教师参与学校管理的权利也只能成为一句没有任何实际意义的空洞口号。[2]

1."管理与被管理"的关系控制了教师素质提升的自主权

有研究者指出,校本管理的实施并不能导致教师的赋权增能,特别是当教师认为其参与学校有关决策是在教师原有工作之上增加的额外工作,而非其应有工作的一部分时,教师的感觉是不愉快的。[3] 在现实的学校管理中,教师处在缺乏必要的时间和资源、过于强调自上而下的政策执行、缺乏小组合作技巧以及发展这些技巧的专业机会、专制的管理阶层、教师与管理者之间的不融洽、不愿意打破传统的角色以及不愿意分享权力等障碍中,使教师的压力有增无减,导致部分教师的挫折感和对组织不信任态度的出现。一方面,由于共同参与决策使教师赋权增能的本意发生偏离,导致教师个人自主性的减少或丧失。另一方面,教师参与决策需要花费更多的时间,承担对教师本职工作范围之外的工作责任,在观点和意见出现冲突时参与讨论,并对他们所作出的决定负责,部分教师会选择不参与、有限度参与,甚至选择性参与决策,以保护自身的利益。

---

① 操太圣.卢乃桂著.伙伴协作与教师赋权——教师专业发展新视角[M].北京:教育科学出版社,2007.50.

② Glatthorn, A. (1995)Teacher development. In L. W. Anderson(Ed.),International Encyclopedia of Teaching and Teacher Education(PP. 41 –46). Oxford &New York:Pergamon.

③ Wan. E. (2005). Teacher Empowerment:Concepts,strategies,and implications for schools in Hong Kong. Teachers College Record,107(4),842 –861.

2."统治与被统治"的关系阻碍了教师素质的提升

在农村中小学校中,学校管理者"官本位"现象严重,对教师的评价和管理仍然以"考试分数""升学率"为标杆。第一,很多教师感叹:"虽然当中学(或小学)教师让我很有成就感,但以分数和升学率考察教师的工作业绩让我很压抑",损伤了教师参加培训的积极性。第二,进修机会少,制约了教师提高自身素质的可能性。从表中可以看出,农村中小学教师参加培训的机会很少,在进一步的调查中,本书作者发现,农村中小学教师参加培训的次数也是少之又少,且大部分农村中小学教师只能参加县级及县级以下的教育培训。第三,培训进修机会分配不公,损伤了教师参加培训的积极性。访谈中,很多教师说那些想评职称的教师早就获得了培训进修的资格,暂时评不了职称没必要也不可能争取到参加培训进修的机会。第四,学校对教师的管理上并非公平、公正、公开、透明,使得教师们整天忙于应付检查和考试,没有时间去考虑提高自身素质的问题。第五,工作压力大,限制了教师能力的发挥。在走访中,本书作者发现,很多教师忙于完成学校日常工作任务,特别是农村中学教师要负责学生早晚自习,根本没有时间去做科研,提高自身的教育科研能力。

(三)教师自身:抗拒变革与自愿改变的矛盾体

当学校随着经济、社会的变迁进行革新时,常常会受到来自各方的阻挠而寸步难行。分析个中原因,不难发现这些教育革新方案从开始规划到执行,采取的是自上而下的运作方式,忽视了教师、学校、学生、家长等教育改革运动中的真正主角,导致基层因不受重视而冷漠应付。这些失败使人们认识到,教育改革的核心在于教师,教师应是教育改革中的主导者、行动者,而不应被视为学校教育改革的对象。[①] 那么,教师自身对新课程改革要求的教师素质提升又是如何看待的呢?

事实上,在教育改革中,教师如何改变,教师是否愿意改变等问题的讨论一直存在着两个相互对立的立场,一种观点认为教师在本质上是抗拒改变的;另一种观点则认为教师无时不变、无处不变,教师改变属于非常自然的事情。[②] 在调查中,我们发现,其实这两种观点都有其合理性,在某种程度上还具有共通性。

在一定程度上,新课程改革的实施是一个协商的过程,学校或教师以适合自身需要的方式来实施课程,对改革方案不断地进行着重新诠释、转化、中介和处理,这样做的目的在于试图将新课程改革的实施对原来工作产生的冲突减少到最低程度。教师在学校教育变革中的这种诠释、转化和中介作用,在使得其角色和功用越来越受到社会的关注

---

① Torres, R. M. (2000). From agents of reform to subjects of change: The teaching crossroads in Latin America. Prospects, XXX(2),255 - 273.
② 操太圣.卢乃桂著.伙伴协作与教师赋权——教师专业发展新视角[M].北京:教育科学出版社,2007.65.

外,还使得人们比较多地看到在面对教育改革时,许多教师,特别是农村中小学教师所表现出来的恐惧之情和以不变应万变的消极态度,从而使人们相信:教师习惯于坚持"维持现状"的假定。在教育研究领域,教师也因此被指责为对新事物持排斥或怀疑态度以及养成抗拒习性,成为"慵懒、因循守旧的个体"这样一种抵制或抗拒改变的公众形象。

目前农村中小学教师素质状况显示教师有抵制革新、应付新课程改革的倾向,教师抵制革新有其个体心理上的以及群体文化上的原因。

(1)任何改革都会打破事物原有的平衡状态,为身处其中的人带来不确定性和不安定感。就此而言,可以从"舒适地带"这个概念中得到一些解释。"舒适地带"指每个人都有自己熟悉的生活范围和习惯的行事经验,人们在这个范围内活动会觉得安全、舒适、稳妥,一旦逾越,则可能遇上困难、麻烦、危险和挑战。所以很多人宁愿待在自己的"舒适地带"中,不理睬外界环境的变迁,期望能够继续平安、稳妥地生活。如新中国成立以来,我国所实施的各种层次的课程改革,无论是课程内容的变动或增减,还是教育教学方式的改变,都对教师原有的教学知识和技能提出了挑战。增加的课程内容使得教师原有的教学知识和教学技能呈现不足的状态,教师必须花费时间和精力对这部分内容进行学习;删减的课程内容使得教师原有的教学知识和教学技能瞬间变成无用的东西。因此,从这个意义上来说,大多数教师在内心深处是抵制新课程改革的,这种抵制是由于教师对于未知的不确定和对跨越自我"舒适地带"的犹豫而造成的,他们本能地担心人际关系或组织的变革会为自己带来潜在的威胁和影响。

(2)教师教学的职业特点决定了教师抵制变革。Wagner(2001)指出风险趋避、教师技艺和教师的自主与孤立是教师教学职业的典型特征,这也是教师群体抵制变革的核心因素①。首先,就目前而言,要想从事教育教学工作只要接受几年的专业训练甚至学习有关教育教学心理方面的知识,取得教师资格后,只要教师愿意就可以十年如一日地做同样的工作,所不同的只是学生走了一批又来了一批而已。教学工作平稳而少变化的性质,使得学校文化在整体上呈现出一种"保守性太浓厚而前瞻性不足"的特性。在竞争日益激烈的当今社会,意欲进入教育领域的人常常被教育专业的安全与稳定所吸引,在一些学校,领导也对顺从的教职工颇为欣赏。这样一来,保守的个性就使得各级学校和教师处于观望的状态中,一线教师主动实施课程改革的意愿普遍不高,个别实施课程改革的教师也是抱着试试看的心态,一旦在变革的过程中受到各方的非议和压力后,教师就会停止变革,这种"吃力并不讨好"的劳动使得整个教师队伍止步不前。其次,从历史上来看,教育者习惯于将教学看成是一项技艺性的职业。富有教学成就感的教师喜欢安静地工作,和各具特色的学生相处并

---

① Wagner,T. (2001). Leadership for learning:An action theory of school change,Phi Delta Kappan,82(5),378 – 383.

培育他们,对教师而言,因材施教让教师体会到独特的课堂和自主设计的教学过程能够让他们体会到如能工巧匠般的满足感和成就感。孩子们的纯真与社会上的污浊相比,学校环境给教师们的这种"创造式"活动提供了个人独处的空间环境。教师的业余活动空间和人际圈也较窄。久而久之,任何威胁到教师作为独立个体的变革都会遭到教师的挑战和质疑。再次,自主与孤立。教师处于整个教学环节的最基层,独立自主地处理着教学的事务,很少有人会过问其行事的方式,教师与教师之间也很少相互交流,教师在教学中体会到满足感的同时,也常常会对现实状态感到孤立无援。市场经济的激烈变化使农村教师在经济、社会地位等方面处于社会的底层,事实上,很多教师在走出教师队伍后,并不了解市场经济下社会对不同人才培养的要求,而被抛在市场经济潮流的后面。从这个意义上来说,如何让教师从一直生活在与儿童打交道的世界里,从生活在与外界"绝缘"的课堂里走进除学校以外的成人世界里,让教师能够借助同事关系等人际关系网络来获得专业上的共同发展和个人整体素质的提升就显得尤为重要。

当然,学校领导者在新课程改革中起着关键性的作用。当学校组织中的领导者敢于冒险,愿意步出自己的"舒适地带"时,该校就会被各种力量或引诱或推动或牵引着进入与之前完全陌生的领域中,在这种境况下,组织中的成员都将处于不确定的生存空间,能否适应新环境决定着该学校组织能否获得超越自我的可能性,一旦被超越,则该校就能够被更新,被注入新的能量,或变得更具有教育效能,整个学校的教师队伍面貌也会焕然一新。

结合新课程改革情境下教师的生存状态来看,人们普遍认为教师在本质上是抗拒改革的,这是因为在信息时代、学习型社会中,"教师一方面被寄予很高的期望,认为教师综合素质的高低、投入程度的强弱等,最终决定着教育改革的成功与否;另一方面,教师受到的指责、抱怨、批评和讥讽也越来越多,教育改革的低效或无效在很大程度上被归罪于他们身上"[1]。在新课程改革的大背景下,正确认识和看待部分教师抵制改革的现象对进一步提升农村中小学教师素质,加快改革进程具有重要的意义。首先,新一轮的课程改革对于中国来说属于新生事物,没有现成的经验可以借鉴,不可能一帆风顺。其次,教师抗拒变革意味着改革实施计划还存在着缺陷。作为新课程改革的排头兵,一线教师比课改计划制定者更熟悉学校场域的情况,当课改存在着设计不严密、缺乏配套资金等情况时,教师的抵制正是对这些具体情境的适当反应。但是这也为教师的全面发展提供了契机,成为促进教师素质提升、为教师提供反思和成长的机会。最后,不可否认的是,教师具有自愿变革的一面。当人们走进课堂,一定会发现教师在课堂中是不断地自觉变化的,一些教师在课堂中组织各种不同

---

① Hargeaves, A., &Lo, L. N. K. (2000). The paradoxical profession: Teaching at the turn of the century. Prospects, 30 (2),167-180.

的活动,根据不同学生的不同需求进行针对性地教学,根据上级教育主管部门的相关政策调整教育教学进度,尝试着为学生创造更有活力和生机的课堂,帮助学生更加投入地学习等。总体而言,"满足教师自我发展的需要,利用教师关爱学生并以学生学习成就提高为追求目标的特点,尽量将教师的发展需要与学校的发展需要合拍,是改革推动者不容忽视的原则"①。

二、县级培训机构的视角

经过改革开放几十年的发展,人民生活水平普遍提高,大部分已经过上了"小康"生活,我国国力也得到了大幅提升,国内生产总值已跃居世界第二,成为仅次于美国的世界第二大经济体。随着人民生活水平的提高和国力的强盛,广大人民群众有能力投资教育了,国家投入也更多了,现在全国已普及了九年义务教育,中青年文盲已基本扫除,我国基础教育得到了长足发展,特别是民营教育得到了前所未有的发展,涌现了一大批民营教育机构和学校。但农村教育的发展却没有跟上时代的腾飞,与城市教育的距离越来越大。鉴于此,本书作者以湖南省邵阳地区7个地区的8个县级教师进修学校为例(邵东县教师进修学校、新邵县教师进修学校、怀化地区的溆浦县教师进修学校、湘西少数民族自治州的凤凰县教师进修学校、常德地区的石门县教师进修学校、衡阳地区的祁东县教师进修学校、娄底地区的新化县教师进修学校、新潭市的湘潭县教师进修学校),对其中的部分领导、教师以及邵东县佘田桥中学、石子塘中学、杨塘书院、檀山铺中学,城步二中,隆回二中、罗子团中学、三阁司中学、孙家陇中学、苏塘中学、周旺中学,新邵县磨石中学、雀塘镇中学、洪溪中学等20多个参培学校的参训教师进行了深度访谈,这些样本在选择上都有代表性,覆盖面相对广泛。

(一)县级培训机构的现状

1.县级培训机构师资队伍严重不足,教师素质偏低

教育部示范性县级教师培训学校要求:"县级教师进修学校专任教师数原则上一般不低于该地区中小学专任教师总数的5‰,教师总数5000人及以上县的县级培训学校教师至少40人,学科配备齐全;专任教师占学校在职教职工总数80%以上,兼职教师与专任教师的比例至少为1.5∶1;50周岁以下专任教师全部要有大学本科及以上学历,硕士、博士学位人数要达15%;90%以上教师要具备中、高级职称,高级职称要占40%以上,特级或正高级职称教师

---

① Day,C.,Elliot,B..&Kington,A.(2005).Reform,standards and teacher identity:Challenges of sustaining commitment. Teaching and Teacher Education,21(5),563 – 577.

至少占专任教师数的 5%,地、市级及以上骨干教师每主要学科至少有 1 名。"同时,由于新课程改革对中小学教师提出新要求,作为教师进修学校的教师也要求了解这些新要求中的具体细节,从授课方式和讲课内容等方面适应这一变化,及时掌握、传播新理念、新知识、新技能等。

但现状调查却显示由于县级教师进修学校待遇低、论资排辈严重、少有发展空间的原因导致校内优秀人才特别是中青年优秀教师大量外流,外部优秀人才又难以引进,最后结果是县级教师培训学校师资力量整体水平低下,师资力量严重不足,县级教师进修学校师资专业化程度不高。现状调查的结果显示,从专职与兼职的比例看,全省的专职教师与兼职教师的比例 2.02∶1,大于教育部示范性县级进修学校规定的比率;从学历上看,50 岁以下的教师具有硕士、博士学位的人数要远远少于教育部要求的 15%,有的进修学校教师第一学历甚至是大专和中专;从职称方面看,高级职称的教师数量偏低;从教师年龄结构看,全省进修学校青年教师约占 19.7%,老年化趋势显著。从科研状况看,"十一五"期间获得科研奖的只有 1186人次,每 4 人之中才有 1 人发表科研成果。特别是缺少有关新课程改革与实施的研究,例如"校本教研"等方面研究。

例如:溆浦县共有 7000 多名中小学教师,但溆浦县教师进修学校只有教职工 27 人,部分还是大专学历,其中高级讲师只有 8 人,讲师 12 人。祁东县共有 7000 多名教师,但教师进修学校现只有在职教职员工 38 人,专任教师具有本科学历以上的只有 25 人,高级职称只有 8人,中级职称的占 20 人。可以说整个湖南省县级教师培训学校的师资无论从数量还是从质量来讲,都没有达到国家的要求,不能满足广大教师培训的需要。

2. 县级培训机构校舍陈旧,设备落后

教育部 2011 年 11 月发布的文件要求县级教师进修学校:"全县教职工人数在 5000 人以下,该校面积要不低于 6666.67m²,建筑面积要达 5000m² 以上;全县教职工总数在 5000 ~ 8000 人之内,该校占地面积要不低于 10000m²,建筑面积要达 7000m² 以上;全县教职工总数在 8000 人以上,访校占地面积要不低于 13333.33m²,建筑面积要达 10000m² 以上。任何一个学校计算机要不少于 150 台;要配备多媒体教学设备;要具备能进行有效连接的网络环境,能为本地区中小学教师培训提供有效的支持与服务。"

但现实上是国家和当地政府多年来很少投入资金用于教师培训学校的基础建设和设备设施的更新换代。大部分县级教师进修学校的教学楼、宿舍楼都建立于 20 世纪八九十年代,缺少维护,现已破落不堪,教师工作、生活条件艰苦。大部分县级教师培训学校设备购置于 20世纪八九十年代,也已经不能适应时代发展的需要了,因为设备特别是电子设备更新换代相当快,如电脑、空调、投影仪等,现在经济发达地区已经普及液晶电脑、投影仪等,但我们的县级培训学校大部分还在使用台式电脑,甚至还在使用幻灯片等,多媒体教室很少,即使有科技含量也相当低。甚至办学设施和其他硬件条件远远落后于当地其他学校,更不用说与省级示范高中的水平相比较,与不断发展的教师继续教育形势和要求相距甚远。

例如:A县教师进修学校占地面积只有 $5333.33m^2$,建筑面积只有 $5041m^2$,只有网络教室2间(共80座),多媒体教室只有2间(100座),语音室只有1间(48座),图书室只有1间(藏书2.5万册),阅览室只有1间(50座),计算机只有96台,教工宿舍只有2栋28间($320m^2$),学生宿舍只有7间($150m^2$),食堂1个只有 $375m^2$。祁东县教师进修学校占地面积只有 $8000m^2$,只有电脑110台,图书只有1.2万册,多媒体教室、微机室各只有2间。邵东教师进修学校承担全县8000多名中小学教师的培训工作,学校占地面积只有 $16665m^2$。溆浦县教师进修学校承担着全县的7000人师资培训任务,学校占地只有 $9860m^2$,总建筑面积只有 $4345m^2$。石门县教师进修学校,校园面积只有 $3333.33m^2$,建筑面积只有 $4000m^2$。以上学校面积都比较狭小、拥挤,软、硬设备都比较落后,已不能完全适应该县教师培训的需要。宁乡市教师进修学校在2011年的工作总结报告中就写道:"教育教学设施陈旧,硬件严重落后,影响师训工作的正常开展。"邵东县教师进修学校在2010年的工作总结中也明确写道:"教工住房紧张,部分教师早晚奔波,影响了工作积极性。"

3.培训内容陈旧单一,多元培训方式未能普及

教育部2011年11月颁布的《关于开展示范性县级教师培训学校评估认定工作的通知》要求:"县级教师进修学校必须加强教师培训需求和培训项目的调研和研发,优化培训内容,创新培训方法,加强培训的自主性和选择性;要采取集中培训、远程培训、校本研修等多种方法,提高培训的针对性和有效性。"刊登在教师〔2011〕1号的《教育部关于大力加强中小学教师培训工作的意见》也明确要求各地县级教师培训学校:"要积极主动地创新培训模式,灵活多变地采取集中培训、远程培训、校本研修、送教上门等多种途径进行培训;要不断优化培训内容,加强教师培训需求方面的调研,针对不同需求,科学设计培训课程,不断丰富和优化培训内容,提高教师培训的针对性和有效性;要努力改进培训方式,采取参与式、案例式、情景式等多种行之有效的方式开展培训,鼓励教师大胆地自主学习,尽量提供教师个性化、多元化的学习机会,增强教师培训的吸引力和感染力。"

但目前本课题调查的8所进修学校所开设的课程一般都是千篇一律,很少有改变和变化,不能解决教师目前急需解答的问题,培训内容老式、陈旧、单一,培训不仅出现"万人一面"现象,更缺乏地方特色和时代特色。在培训类型上看,学历培训比重较大,非学历培训主要在岗前培训、校长培训和骨干教师培训等类型中;在培训方式上看,被调查的8所学校的培训方式主要集中在以面授为主的校内培训上,缺少互动和交流,培训者学习比较被动,有的还开展了远程培训、下校指导和送教下乡等形式来优化培训方法。但是,总体而言,只有一半左右的学校采用了远程培训,下校指导和送教下乡等形式更是稀缺,个别学校从来没有举行过下校

指导和送教下乡的教学活动。在培训内容上,调查结果显示,大多是专题讲座式的集中辅导,模式、内容滞后,方法、形式老套,不能结合中小学教师的实际需要选取教学内容,缺乏层次性和针对性,不能适应当今教育的发展。培训内容缺少新课程的理念与标准的学习,缺少新教学策略与新教学方法的学习。

(二)原因分析

湖南省县级教师培训学校在发展的过程中出现了一系列的问题,而且不同的历史时期有不同的特点。究其原因,有历史的原因,也有现实的原因,有客观原因,也有主观原因,有外部原因,也有自身内在的原因。通过对新时期湖南省县级教师培训学校存在的问题分析,本书作者认为湖南省县级教师培训学校问题产生的原因主要有以下几个方面。

1.培训观念滞后

培训观念落后主要指两个方面,一是培训学校的培训教师的培训观念落后,一是参训的教师的参训观念落后。

对于培训教师,基层中小学教师培训不是学术性教育,而是实践性教育。作为参训的教师虽然需要一般的教育知识和新理念,但理念与知识需要在具体的教育教学实践中加以深化和贯彻,不然,在教育目标上就会见“物”不见“人”。但培训学校的教师一般认为,参训教师的理论素质不高,需要学习和接受高深、先进的理论,常把参训教师缺乏教育理论素养看作影响教育教学发展的主要原因。在教师培训实践中普遍以理论知识、讲授方法来开展培训,对学员们的现实困惑,置之不理,没有具体问题具体对待,没有具体问题具体分析。这样容易造成培训观念、内容与方法陈旧落后,制约培训教师的教学行为和方式。因此,在这种观念的支配下,进修学校集中注重教育学和心理学等理论知识的学习,在授课时没有关注理论知识与教学实践相结合的学习,没有重视参训教师教学能力的提升,容易导致参训教师的主动性和积极性受挫,学习的积极性不高,培训效果不理想。

对于参训教师,大多数教师还停滞在“一次教育,享受终生”的教育思想。他们普遍认为,自己所受的教育应付普遍中小学生的学习绰绰有余,只要自己把书本知识吃透、讲透,让学生懂得书本知识,学好书本知识就行了。他们不注重自身知识的及时更新和素质的提高,他们重视升学率,强调“两耳不闻窗外事,一心只读圣贤书”,习惯传统的灌输式教学,抵制素质教育所提倡的以学生为本的教学理念。这种缺少创新、缺少学习的“一次教育,享受终生”的教育观念,使这些中小学教师缺乏对教育工作的投入感和专业发展的主动性与方向性,容易导致自身知识陈旧,观念老化,教育技术能力比较低下,接受新鲜事物比较缓慢。这类教师的教学容易导致学生的学习兴趣下降,难以落实教学质量的整体提升。

2.政府投入力度还有待进一步加大

教育部很多文件都明确要求各级地方政府和教育行政部门:“要把本地区中小学教师培

训经费列入预算,按本地区教职工工资总额的 1.5% 或以上比例拨付用于年度教师培训的经费,对农村中小学要按照不低于年度公用经费预算总额的 5% 安排用于教师培训,还有教育事业费、学校用经费等都要有一定比例用于教师培训;必须建立以当地地方财政拨款为主的经费保障机制,保证经常性经费、基本建设经费和专项经费按时、足额拨付。"

但各级地方政府对当地县级教师培训学校普遍不够重视,县级教师培训学校被普遍"边缘化"。有些地方政府和教育行政部门听任县级教师进修学校自生自灭,放任自流,个别地方政府和教育行政部门把教师进修学校当包袱甩,存在撤、停、并、转现象,严重打击了县级培训学校教职员工的积极性和自信心,影响了师资培训工作的正常开展。

俗话说得好"领导重视不重视,就看投入不投入"。但普遍存在的现象是预算偏少,而且很难落实到位,尤其是经济欠发达地区,这个问题最为突出,从而造成县级教师培训学校师资培训经费的严重不足,各项工作开展得举步维艰。由于没有经费保障,培训学校只好向参训教师收取培训学费,农村教师的福利工资待遇本来就很低,很难报销,所以严重影响了中小学教师参与培训的积极性和主动性。培训学校教师待遇也低,积极性也不高,教师参与培训还要自己交纳培训费,积极性就更不高了,加之农村教师培训学校经费的严重不足,培训学校的条件又艰苦,从而造成了农村师资培训的恶性循环。

宁乡市教师进修学校在 2011 年的工作总结报告中就写道:"政府投入机制不顺,导致学校师训经费严重不足,教职工待遇无法得到保障。"邵东县教师进修学校在 2010 年的工作总结中也明确写道:"学校发展的瓶颈仍然是经费不足,制约了学校的整体发展。教师福利、基础建设费用等有待提高。"很多学校为了维持生存,不得不另谋生路,从而导致副业繁荣,主业不兴。例如:邵东教师进修学校就举办了每年招生高达 2000 人的科达高考补习学校,湘潭县教师进修学校就举办了湘潭市享有盛名的云龙初级中学。

3. 培训机制不够健全

教育部下发文件都明确要求县级教师培训学校:"管理制度必须健全,过程管理必须规范,培训服务要周全,培训考核要严格执行并有详细记载;培训的整个过程要有全面记录,培训结束时要有客观的总结反馈和切实的整改措施;教师的培训要实现信息化管理,信息登记要及时、齐全,要有电子档案;学时、学分登记率要达到 100% ,要建立和完善教师培训质量的监控和测评制度、评估机制和体系;培训满意度要达到 80% 以上;要采取多种行之有效的方式方法,对培训项目要进行过程评价和绩效评估。"

参加在职培训是教师的权利和义务,但现实上是各级政府没有或者缺少明确的县级教师培训制度。没有制度的保证,就不能保证培训的正常进行和培训的实际效果,县级教师的培训没有保持常态化,有些县级教师培训学校一年难得开展一次培训,存在着严重的形式主义,有的甚至是为了保存县级教师培训学校这一学校而已,如同虚设,很少开展培训。

据调查,农村中小学教师参加培训的机会很少,进修次数更是少之又少,19.93% 的教师居然没有参加过一次培训。学校领导存在着短视行为,没有充分认识到教师培训对学校发展和教师专业发展的重要意义,对教师参加培训不是很支持,没有明确的校级教师培训制度。

教育行政部门和农村教师培训学校没有建立相应的激励机制,培训不与工资挂钩,不与年终考核挂钩等,参不参加培训一个样,培训效果好坏一个样,因此很大一部分人就不会主动参与培训,个别甚至还有抵触情绪。

三、教师流动的视角

我国义务教育教师流动整体概况从每年各级学校的教师调动人数指标来观察。调动教师包含调入教师和调出教师两个指标[①]。通过表 4-1、图 4-1 分析,2006—2010 年期间,农村中小学专任教师的调入比例逐年下降,调入调出教师呈现负增长,五年来农村中小学教师总量减少 409109 人,而县镇中小学专任教师逐年小幅度上升,并且五年来教师数量增加216645 人。其中原因既有教师的单向流动,也与农村中小学办学规模不断缩小有关。农村中小学规模不断缩小有多方面的原因首先由于计划生育的影响,导致生源减少;其次,住房改革环境下,农村大部分老师涌向发达地区购房,为解决住所与工作学校的距离,尽可能地往离住所近的地方调动;另外由于优质资源向城市倾斜以及农民工向城市流入,生源随之向城市学校集中,导致农村学校生源减少,农村不得不缩小办学规模。

表4-1 2006—2010 年县镇和农村中小学教师调入和调出比较

年份	调入教师数(单位:人)		调出教师数(单位:人)	
	县镇	农村	县镇	农村
2006 年	167235	327197	129581	393194
2007 年	167249	291960	130381	357390
2008 年	169475	223810	132085	351809
2009 年	197020	277950	134071	356609
2010 年	178291	247749	136507	318773
合计	879270	1368666	662625	1777775

数据来源:根据 2006—2010 年的中国教育统计年鉴数据整理

---

① 宋辅英.县域内义务教育阶段教师合理流动机制研究 [D].山西师范大学.2010.

　　我国诸多学者在调查研究中一致认为教师流动存在严重的盲目、无序、单一的流动形式。这种无序的教师流动使得教师资源都集中在发达地区,而使得偏远地区更加缺乏优质的师资力量,从而拉大了城乡教育质量之间的距离。家庭条件好的,家长想尽办法将小孩送到发达地区入学,由于离家较远,只能在学校寄宿,小小年纪就离开父母,有的甚至还不能自理,缺乏应有的家庭教育,并且为家庭增加一笔可观的开支,;而家庭条件不好的,只能享受不公平的待遇。长此以往,最终导致整个教育的不公平,社会的不公平。

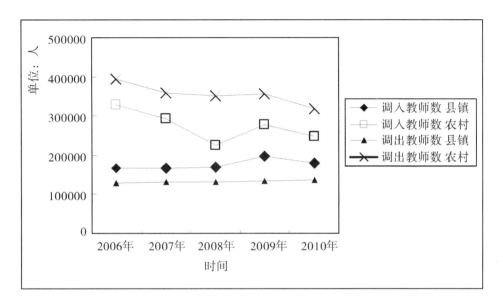

图 4-1　2006—2010 年我国中小学教师调入和调出变化趋势

　　为了解湖南省农村教师流动现状,以及影响教师流动的因素,本研究主要选取了湘潭县农村教师作为调查对象。具体来说,主要抽取了县内 4 个不同区位的中小学校,每个区位抽取了两所有代表性的学校,共 8 所学校(8 所学校的确定,是通过各区域的实际调研确定的。无论在办学规模、办学环境、硬件与软件建设 8 所被调研学校均能体现该区域的特色,能很好地代表该区域的基本情况)。通过这次调查希图了解湘潭县农村教师的流动方向、流动意愿等现状展开全面调查。

　　重点调查内容为城乡义务教育教师流动的流动方向、流动意愿以及影响教师流动的原因。目的是为了了解农村教师流动现状,分析教师流动的因素与规律,为政府和教育部门提供决策参考,使其采取有效措施规划和引导义务教育教师合理流动,实现教育资源的均衡发展。

表4-2　调研单位情况表

调研单位	调研单位所处区域	被调研教师人数(单位:人)
云龙中学	主城区	52
月塘实验学校	主城区	36
山塘学校	城郊区	25
湖南科技大学附属学校	城郊区	26
中路铺中学	中间区	43
中路铺完小	中间区	35
荷塘中学	边远区	34
荷塘小学	边远区	16

(一)流动方向单一、无序

A 县教师流动方向和国内现状相近,基本以自发的单向流动为主。国内目前宏观上,趋向于从中西部地区优质师资向东部发达地区流动、农村流向县镇,县镇流向城市;普通学校流向重点学校;微观上,趋向于从同一地区薄弱学区流向优秀区;区域间,办学条件艰苦的学校流向办学条件优越的学校[1]。这种流动也称单向上位流动,是指教师由边远落后地区流向经济发展相对发达地区,由工作条件差、收入待遇低的地区流向工作条件好、生活待遇高的地区[2]。教师流动作为一种现象可以分为单向流动和双向流动。虽然"水往低处流、人往高处走",这是正常的人才流动趋势。不过有出亦有进,及时补充新鲜血液才能保障人才结构的动态平衡。单方向的、无序的、不均衡的流动,加剧了师资不均衡配置,扩大了城乡教育之间的距离,导致了学校师资力量薄弱的更加薄弱,影响了农村教育教学质量,阻碍农村教育的全面发展,严重制约了义务教育均衡发展的宗旨。

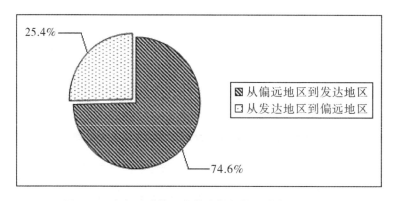

图4-2　参与流动的义务教育教师的流动方向对比图

① 程英芬.县域教师流动现状、问题及对策—以 A 县为例[J].成功(教育).2011,(9):3.
② 袁文娟.教师流动原因与对策分析[J].齐齐哈尔师范高等专科学校学报.2009,(2):19-21.

但据调查,一个不争的事实表现为单向流动现象普遍存在,即义务教师从不发达农村地区向经济发达地区流动;从偏远农村学校向城镇学校流动。从图4.2中看出上位流动的比例远远超过了下位流动,从偏远区域的学校流向发达区域的学校,高达74.6%,仅有25.4%的教师是从发达地区流动到偏远地区的。说明A县的城乡义务教育教师的流动处于失衡状态,教师基本都是根据自己利益需求向更好的地方流动。这种流动状况致使农村地区教师特别是优秀教师流失严重,促使城乡教育质量之间的距离进一步扩大。

(二)农村优质师资向发达地区和重点学校集中,发达地区优质师资受到保护

据调查发现流动主体主要体现在优质教师上位流动,中高级职称、传统科目(主课如:语文、数学、外语)、学历稍高的教师参与上位流动,多于教师支教等下位流动。这种格局与国内现状大同小异,我国教师的流动主体以中青年教师和"双高"教师(学历高、职称高)者为主。农村外流教师绝大部分是年富力强、受过专业训练的专科以上学历的骨干教师。边远地区学校的教师工作环境艰苦、待遇低、个人发展机会少,骨干教师流失比较严重。根据相关调查显示,流动的农村教师中,初中教师以中青年为主,小学教师以青年为主,据调查,在已经流出的教师中,31—40岁的这个年龄阶段的初中教师高达82%,职称上以中高级职称为主[1]。

表4-3　A县城乡义务教师调查样本教龄与流动次数统计

教龄	样本频数	流动次数
教龄在2年以下	36	19
教龄在2~5年	54	51
教龄在6~10年	66	71
教龄在10年以上	111	111
合计	267	252
人均流动次数/次		0.94

如表4-3、图4-3可见,A县义务教育教师参与流动的一个重要人群是教龄稍长、教学经验丰富的优秀教师,教龄较短的教师流动到发达学校频率较低。间接反映了参与流动的都是教学经验丰富的优秀教师,普通学校的优秀教师纷纷流向优质学校,农村地区的优秀教师流向城镇学校,使得普通学校和农村地区的学校缺乏优秀的教师资源。从某种意义上而言,城镇学校的发展是建立在牺牲农村学校发展基础之上的,经验丰富的教师的流失使得农村教育的不公平现象更加突出。

---

① 卫倩平.农村中青年教师流动问题研究[J].中国成人教育.2011,(1):57-59.

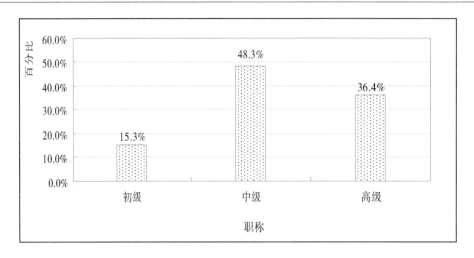

图 4 - 3　参与流动的不同职称的义务教育教师情况对比图

　　如图 4 - 4 中可见,参与流动的教师 63% 为本科学历,28% 为大专学历,仅有 9% 为中专及以下学历,可见,参与流动的主体主要以高学历为主。

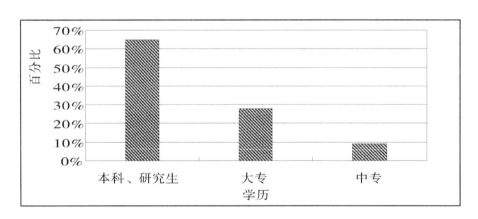

图 4 - 4　参与流动的不同学历的义务教师情况对比图

　　在抽取的样本中,自任教以来参与过编制调动、支教或者其他形式流动的教师有 59.2%。根据对部分农村教师进行访谈,农村中小学专业的音乐、美术、信息课教师很少,基本都是教语文、数学、英语课程的教师,部分小学一个班级的语文、数学由一个教师承担。发达地区小学三年级学生就开设了英语课,但是偏远区小学特别是边远区学校却因没有英语老师而只能搁浅,有些学校音乐、信息、美术课经常被改上自习课。这种师资的不均衡配置,导致城乡学生素质存在明显的距离,严重影响着农村学生的不均衡发展。

　　虽然有部分教师是从发达地区流向偏远地区,但一般是发达地区学校富余的教师和招聘的毕业生。根据访谈个别学校领导,一致认为从发达地区流向偏远区的教师都不是很优秀,基本上都是教学水平不高不愿意留用的,或者是在某个学科富余的教师(仍然不会让该学科优秀的教师调走或者派出去支教)。在采访中发达地区某校长时,问到为什么不能让优质师资参与轮岗,他是这样说的,如果他去偏远地方支教或交流,那他所教的课程没有适合的教师代上,而且会影响原班级学生的学习效果,影响学习成绩,从而影响学校的声誉。而部分参与轮岗到偏远地区的教师抱着吃大锅饭的心理,反正工资由县财政统一发放,在农村教书还乐得清闲。所以学校这种保护意识,使得即使有发达地区教师去农村任教,也并不能使农村教学质量有大的提高。

(三)流动意向偏向追求个人利益

随着教育事业的发展,对于选择流向农村地区还是发达地区,义务教育教师的看法都不尽相同。

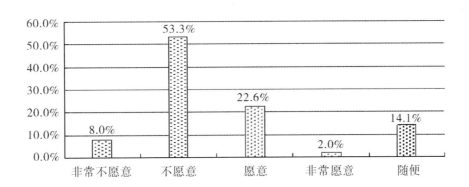

图4-5 对于发达地区去偏远的学校任教的态度对比图

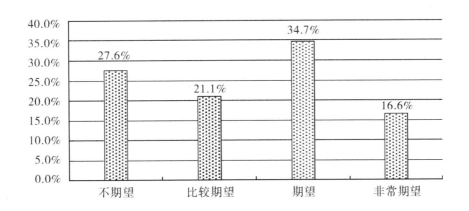

图4-6 对于偏远地区去发达地区的学校任教的态度对比图

具体如图4-5和图4-6的统计。对于是否愿意去偏远区学校任教,被调查教师有61.

3%的不愿意去;而仅有24.6%的被调查者愿意去偏远的学校从事教学工作;14.1%的被调查者则持随便的态度,觉得在哪里教学都无所谓。相比较于去偏远的学校任教,有72.4%的被调查者更期望向发达地区流动;对于流向城镇的动机很强的有16.6%。不期望去发达地区学校教学的大部分是因为家庭原因,配偶在农村或者有责任田,也有少部分认为城区学校教学压力太大,而不愿意离开农村。调查者认为去农村偏远地区任教并不是因为个人发展和工资福利好,而是迫于无耐的选择。人都有想往高处走的趋势,都希望能在一个比较优越的环境中工作和生活。这也说明城乡教师的待遇区别很大,导致农村教师都想往发达地区流动。

每个人的追求不一样,遇到同一道选择题时所选择的答案也是有显著区别的。不同教师面对要去偏远的农村中小学教学时,他们的选择也有所不同。

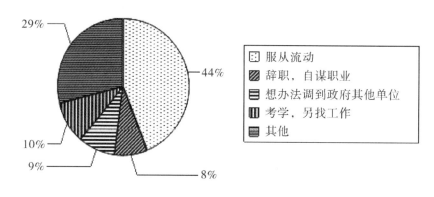

图4-7 面临必须到更偏远的农村中小学去时的选择对比图

如图4-7所示,在面临必须流动到偏远的农村中小学时,有56%的教师会选择不服从流动,而选择考学的占了10%,只要可以改变命运;有9%的被调查者会想办法调到政府其他单位;选择辞职后自谋职业的有8%;其余29%的选择其他别的方式来避免流动到偏远的农村学校,可见大部分教师宁愿离开教师系统也不愿去偏远地方。

人的行为归因于多种因素。凯利的归因模式认为,人的行为可归因于客观刺激物、行动者和所处关系或情境,即内因和外因[①]。因此,城乡义务教育教师的流动行为是受到社会经济政治、办学条件以及个人需求等综合因素影响的。

从图4-8、4-9和4-10可知,义务教育教师流动的原因是多方面的,其中学校工作环境、教育教学硬件设施,个人发展和工作福利原因是最为主要的。下面结合调查过程中了解的信息对城乡义务教育教师流动的问题进行分析,城乡二元结构是导致教师单向流动的根本原因,由城乡二元结构衍生出教师流动需要考虑的各种因素。

---

① 刘熙瑞. 现代管理学[M].北京:高等教育出版社,2007.

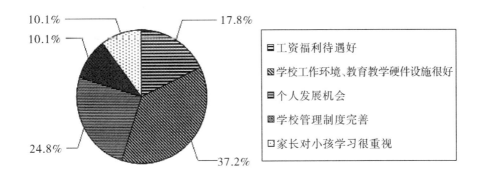

图4-8　已流动义务教育教师流动的主要原因对比图

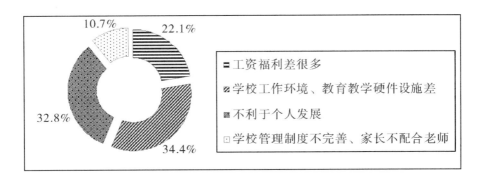

图4-9　义务教育教师不愿意去偏远学校的原因对比图

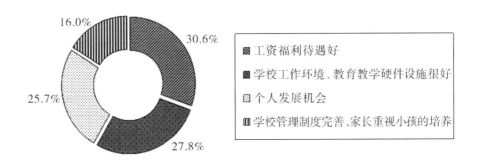

图4-10　义务教育教师选择去离县城更近或发达地区的学校的理由对比图

1. 工作环境

轻松、愉悦和舒适的工作环境容易激化教师无限的创造力和创新力。紧张、恶劣的工作环境不利于教师全身心地投入工作。好的工作环境是教师工作效率提高的客观因素。问卷调查显示,在调查教师流动意向时,被调查者考虑离县城更近的学校最核心的原因是考虑学校工作环境、教育教学硬件设施。许多教师宁愿选择从事别的工作也不愿意去偏远的农村地区任教,普遍还是受农村教学环境艰苦、基础设施落后的影响。教学条件方面,城镇学校不仅地理位置优越,交通便捷,文化生活丰富,而且教学硬件设施条件和生源质量好,城镇家庭对子女教育更为重视,使得教师地位较高,工作氛围良好,生活水平高,有利于子女教育就业。而在农村地区校舍简陋,交通不便,信息闭塞,教育资金投入相比之下较少,休闲娱乐活动单调,精神生活枯燥。正是因为这些原因,强化了农村教师流向城镇或发达地区学校的意愿。在调查中发现,流向发达地区有37.2%的教师正是因为学校工作环境而流动的,部分年轻教师担心自己会被现代社会所淘汰、隔绝。

2.工资福利待遇

现在各校教师工资由县财政统一拨付,基本工资无论在县城还是农村都是一样的标准,但是福利方面却不一样。大部分教师提出越是偏远地区越应该从福利待遇方面弥补,这也证明了经济基础是最基本的保障措施。由图4-11可知,在精神得不到满足的情况下,迫于要流动的压力下教师只能选择用物质利益补偿,普遍要求的补偿额度比较高。通过访谈了解到近三年来一年一度的教师节,各校发放慰问费标准不一,越是发达地方发放标准越高,在城郊区和主城区发放在600~1200元不等,而在边远区和中间区则只是200~400元。县城义务教育教师基本每年都有以考察为名的旅游,但是偏远农村学校教师却从来没有过。例如:本书作者还通过电话访谈了湘潭市雨湖区教育局人事科负责人,了解到雨湖区出台了不少政策促进教师流动,如教师轮岗、评职称有过农村教学经历的可以加分、设立下乡补贴,尽管制定了流动政策,但只是鼓励性措施,而且偏向农村教师的利益力度不明显,很难起到促进教师下位流动的作用。

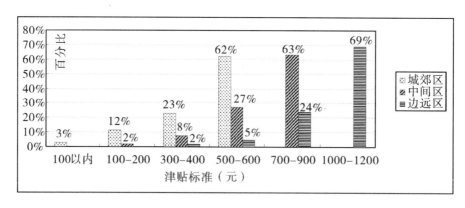

图4-11 义务教育教师对不同区域的偏远地区的津贴期望值

3.教师个人发展

马斯洛关于人的需求理论认为,人的需求的最高层级是个人自我价值的实现。作为教师,除了追求物质利益的之外,更需要自我能力和自我价值的实现。随着我国市场经济体制的建立和发展,学校聘用教师的自主权及教师择校的自主权逐步加大,教师流动也逐渐演变成一股热潮。此外,城镇中小学的扩招和民办学校的发展,为农村教师流动带来了难得的机会。农村教师为了追求更优越的工作环境、更高的经济收入与福利待遇、更理想的职位与发展空间而流动。调查中如发现有 25.7% 的教师流动到发达地区或重点学校是为了个人的发展考虑,想通过流动来找到适合自己的舞台可以一展宏图。根据调查我们发现,越是偏远的学校高级职称教师占该校教职工的比例越小。虽然在评职称时有量化考虑农村教学经历,但是影响不大。因此,教师对个人发展的追求是义务教育教师流动的内因,是教师流动的最根本源动力。这种农村教师不如城镇教师的个人发展机会多的现象会导致农村教师拼命往城镇跑,而城镇教师又不愿意向农村学校流动,导致教师流动呈现单一方向的特点。

四、制度的视角

(一)现有制度执行力不强

1. 政府层面的原因

一些地方政府存在政策明确规定但执行不到位的问题,主要表现在以下几个方面:

一是地方政府财政责任和能力的失衡导致农村基础教育投入相对不足,使得城乡教育之间的距离不断拉大。自 20 世纪 80 年代后,农村经济体制改革带来了农村教育管理体制的全面变革,我国基础教育开始采取"地方负责、分级管理"的管理模式。就历史发展和现实情况来看,这种管理模式设计在制度上并不存在太多的障碍,各级政府间财力资源与基础教育责任的不对称是产生诸多问题的主要原因——中央和省级政府掌握着主要财力,但不直接承担基础教育的财政责任;县、乡两级政府公共财政相对困难,却要直接承担基础教育的财政重任。目前我国义务教育中,乡镇财政承担 78% 左右,县级财政承担约 9% ,省级财政承担 11% ,中央财政承担 2% 。从财政支出情况可以看出,中央和省级政府的教育事业费大部分投入在高等教育上,对义务教育主要承担补助贫困地区和少数民族地区的责任。县、乡两级政府财政责任和能力的失衡严重影响了我国农村基础教育的投入和发展。国家的基础教育是典型的公共事业,缺乏中央财政的必要支持,基础教育发展的城乡之间不平衡状况就难以得到改观。

二是地方政府在分担义务教育经费上存在"挤出效应"。从 2007 年审计署对农村义务教育经费的审计调查报告中可以发现,一些地方政府在分担义务教育经费上明显存在"挤出效应",即中央本来已经增加了相关投入,地方政府却违背中央的政策,在此基础上减少了应承担的资金投入。一些地方还存在挤占、挪用义务教育经费的现象,如挪用教师工资,用公用经费发放教师津补贴、偿还学校债务,将校舍维修改造资金用于日常办公开支等①。在调查中,本书作者也发现,由于农村教师工资先由县级财政下拨到乡镇财政部门,再由乡镇政府授权拨付给教师,不少乡镇政府占用教师工资,致使教师工资普遍存在拖欠现象。

三是不积极落实政策。特岗教师、硕师计划、定向培养计划为农村学校提高教师整体素质提供了很好的政策支持,但一些地方政府和学校执行这些政策的积极性不高,其表现主要是:

(1)不愿意增加教师编制,A 县按政策规定今年计划 100 多名农村教师退休,但该县补充教师的计划却不到 50 人,新进的不到退休的一半,远没有达到农村教师必须"退一补一"的要求。

(2)不制定相应的配套措施,使教师不能安心扎根于农村教育。"十年树木,百年树人",教育相对于其他领域来说收效相对缓慢,成效不明显,不少乡镇政府热衷于"政绩工程",将精力和财力投入到其他见效快的领域。

另外,单一的教学制度与评价制度不利于农村教育的发展,存在不同的基础条件但面临偏向城市的单一标准的问题。长期以来,我国的城乡二元结构使得教育制度客观上存在重"城"轻"乡"的现象,并形成一种巨大的制度惯性。我国现行的教育制度依然在强调教育的选拔与"淘汰"功能。向城市倾斜的教育制度加剧了教育资源配置的不平衡,进而导致城乡学校之间距离越拉越大。典型例证:农村很少设立重点类学校;教学大纲的制定、教材的选择以及课程的开发与设置基本上是基于城市学生的学习能力和学习环境而考虑的;教育成本的补偿制度没有考虑到农村学生家庭的承受能力等。这些显然对农村教育的发展是不利的。

2. 学校层面的原因

在一个学校里,发展制度需要花费时间且随着时间的推移制度在经验中成长。这些特征既不能通过法律制定,也不能强加②。学校运作者和学校、管理者、制度本身一样,在制度发展中起着关键作用。

(1)学校管理层在制度的贯彻实施上没有做到常抓常管。从大的层面来说就是对政策的执行没有做到常抓不懈,不能一以贯之,往往是政策一来就象征性地做做表面功夫,摆摆架势,而不是从宏观的角度来督促制度的健全与完善;从小的层面来讲,就是得过且过,多一事不如少一事,有应付之嫌。

(2)管理者在管理制度的制定与操作时随意性大,工作不严谨,经常性地出现人为的制度变动,可谓是朝令夕改,让学校或教师感到茫然无措,长此以往就造成对制度漠视态度的出

---

① 审计署.54 个县农村义务教育经费保障及使用情况审计结果(二○○八年七月四日公告)[EB/OL]. 中国网. www. china. com. cn/policy/txt/2008 - 07/04/content_15954264. htm. 2008 年 7 月 4 日.

② [美]罗伯特·W·麦克米金著,武向荣译. 教育发展的激励理论[M]. 北京师范大学出版社集团,2008.27.

现,最糟的结局就是再好的制度、再正确的指令安排也得不到卓有成效的贯彻实施。

（3）制度方案本身存在不科学不合理性,在实践操作中缺乏可行性与针对性。涉及面宽泛而不严格,或者过于烦琐与教条,根本不利于执行。

（4）制度执行过程中缺少严格的监督机制与科学的考核机制。这点上最常见的两种情况是:一是没有专人负责监督或根本就不存在监督,二是监督的方法缺乏正确性,或者根本无法展开监督,以致根本就达不到监督的效果。

（5）学校文化严重匮乏,没有形成凝聚力、感召力。校园文化的形成需要建立在校本情况适宜的基础上,如果校园文化的建立得不到师生和家长的认同,那么在制度执行上也就得不到师生和家长的支持。

（6）校园环境的落后也不能为制度的执行提供相应的硬件条件。因为经费投入不足,农村中小学都不同程度地存在着校舍老旧和紧张、设施设备老化和不足、学生活动器材和场地不够、师资流失严重等问题,成为学校执行上级规章制度的瓶颈。

（二）现有制度监督力度缺乏

教育政策的制定、执行过程中都离不开有效的监督,有效的监督是实现政策价值的保证,特别是政策执行中的监督,对于发现政策中的问题,为后续的政策执行提供可资借鉴的经验教训具有重要的意义。目前,我国对政策实施执行监督的主渠道是上级行政部门,教育政策执行反馈渠道主要是统计报表。部门与部门、执行者和目标群体之间缺少有效的相互监督。群众监督、党内监督、部门内监督等形同虚设,这种近乎单一的、隶属于教育行政部门的反馈、监督形式不能客观、准确地反映教育政策执行的状态,不利于教育政策的制定者和执行者及时做出科学调整。在调查中,本书作者发现部分乡镇政府没有依法按"两个比例""三个增长"的要求安排教育预算。县乡财政性教育拨款比上年有所减少,教育投入比例低于可用财政收入的增长比例,但是每次财政审查却都能过关,暴露出现有监督制度的弊病。

（三）素质提升制度缺乏经费保障

1. 经费投入的城乡差异显著

近年来,逐年增长的财政投入和财政投入以外的民间资金（主要是学校增加收费项目如乘车费、午餐费、赞助费、择校费等）为城市教育注入了活力,一部分城市中小学校成为重点学校,多数学校的硬件设施得到很大改观,校园面貌一新。相比之下,农村教育经费状况较为紧张。一方面,农村税费改革后,农村取消了农村教育附加费、教育集资和教育"口子费"等,每年出现巨大的经费缺口,这部分原由农民承担的教育经费目前没有任何补充渠道。另一方面,尽管各级财政对教育的投入逐年增长,但从支出结构来看,增加投入的绝大部分是用于

"保工资";从比例结构来看,教育投入的涨幅呈逐年递减的态势,教育投入的增长比例赶不上教育支出的增加比例,财政对城市教育的投入比例在不断地加大,对农村的投入比例却相对地减少了,农村教育投入相对不足。这些都成为农村中小学中教学水平较高的教师纷纷托关系、找后门进入条件较好的城镇小学的诱因。

2. 农村负债办学现象普遍,学校不堪重负

在 20 世纪 90 年代末的"普九"活动中,一些农村中学和中心小学校园的建设资金投入较大,但是资金缺口也大,以致到最后没办法还清建筑商的工程款,这样就导致了新的矛盾的出现。目前 A 县 80% 以上的中、小学校仍然存在靠借贷资金办学的现象,累计负债近达四千万元。一些学校的教学经费本来就严重不足,但为了完成上级教育主管部门下达的教学任务或学校建设标准,如筹建教学用电脑室等,不惜向银行贷款,使学校背上了沉重的经济包袱。由于经费紧缺,办公经费不足,相当一部分学校校长为了保运转、保稳定,只好忙于到处贷款和应付其他社会事务,他们普遍感到校长难当。许多农村中小学校长纷纷向上级教育主管部门提出辞职,但由于农村教育管理人才少,辞职申请往往被驳回。

(四)保障制度顺利运行的激励机制不健全

与制度执行同步的评价、考核、激励机制不健全。主要表现在对教师的评价标准较单一,考核大都流于形式,激励机制没有资金保障,激励形式单一,管理上不够严格等,导致教师缺乏紧迫感和危机感。这其中有几方面的原因:一是以学生成绩为主,顾虑教师的性别、家庭出身、社会关系的教师评价方式不能全面地反映出教师素质的高低。二是对制度的监督程序不清晰,如没有具体负责监督的个人和部门,没有具体的监督检查的方法和程度以及对履行监督职责不力的责任追究等,使监督工作难以到位。三是对教师的激励讲究物质激励与精神激励相结合,对教师队伍的整体激励与个别教师的分层激励相结合,长期激励与短期激励相结合,外部激励与自我激励相结合,注重公平和讲求效率相结合。但在实际的激励过程中,部分乡镇、学校的激励措施比较单一,挫伤了教师的积极性。

第五章　构建可持续发展的农村教师教育体系

构建一个相对完整和稳定的、具有生机和活力的教师继续教育体系是促进教师素质提升、实现教师终身学习目标的重要举措。当前,在构建中小学教师继续教育体系的过程中,需要做好以下几个方面的工作:

一、完善农村教师教育的思路

(一)培植教师终身学习理念

不管是什么样的改革,只要在学校教育中实施都会对教师产生重大的影响,带来一定的失落、焦虑和挣扎,因为变革是对过去陈旧内容的否定,变革会让教师熟悉的经验失败,纵使目标明确,随着具体情况的改变,变革不一定会带来预想中的成绩。因此,实现教师专业自主意识的真正解放在农村中小学教师素质提升的运动中尤为重要,转化教师的教育观念,培育教师终身学习理念是促进改革成功的关键要素。继续教育绝不仅仅只是提高教育教学能力的非学历教育,也不是为了"拿证"的各种层次和内容的计算机信息技术教育,更不是简单的综合素质培训,继续教育首先体现的是终身学习的理念。终身学习理念意味着没有"管用一生"的教育,只有"贯穿一生"的教育;意味着要将非正规学习与正规学习结合在一起,使教育包括从童年到生命终止的每个人能了解世界、了解他人和了解自己的所有活动,将"学会认知、学会做事、学会共处、学会生存灵活地结合起来"①。就课程和教学而言,"唤起中小学农村中小学教师的课程意识与教学新思维,让教师反思教师身份和教师角色,明确教师职业的职责,愿意接纳革新理念,积极探究并实践不同于以往的教学行动"②,追求专业(职业)和教养(自我实现)的协调和整合是建构教师终身学习理念的标的所在。在经济社会飞速发展的今天,教师必须树立终身学习的思想,不断吸纳一切新的知识和成果。

认识是行动的先导,只有在思想上认识到学习的重要性,才会在行动上自觉地实践终身

---

① 何齐宗著.教育的新时代——终身教育的理论与实践[M].北京:人民出版社,2008.74.
② 甄晓兰.课程理论与实务——解构与重建[M].台北:高等教育文化事业有限公司,2004.

学习的要求。终身学习是适应社会急剧变化的客观需要,是经济社会发展对劳动者的迫切要求。从根本上讲,教师作为社会人的本质是知识人,知识是教师的从业资本。教师在知识领域中是联系过去、现在和未来的关键人物,教师只有树立了终身学习的理念,才能潜移默化地对受教育者施加影响。教师要树立终身学习的理念要求教师要有"钻"和"挤"的精神,要有危机意识,将学习当作一种责任,一种需要,一种渴望,努力通过不断地学习来充实和调整自己的知识体系,维护教师的知识权威地位。

(二)给予行动支持,培养教师专业自我

与过去相比,人们对教师专业素质的关注已经更多地从强调教师的知识和能力倾向转向对教师的自我意识或自我价值的重视。教师的专业成长需要专家引领、参加培训等外力的推动,但更主要的还要依靠教师自身的努力[1],库姆斯(Combs)在 20 世纪 60 年代出版的《教师的专业教育》一书就提出"一个好的教师首先是一个人,是一个有独特的人格的人,是一个知道运用'自我'作为有效的工具进行教学的人"[2]。具有高度"自我"的教师,倾向于以积极的方式看待自己,能够准确地、现实地领悟他们自己和所处的世界,对自己和他人有更深切的认同感,具有自我满足感、自我依赖感和自我价值感。"对于教学工作来说,教师的专业自我是教师个体对自我从事教学工作的感受、接纳和肯定的心理倾向,这种倾向将显著地影响到教师的教学行为和教学工作效果。"[3]在教师素质提升的过程中,外部支持条件和内在专业自我的培养二者缺一不可。教师专业自我的培养除了要有良好的外部条件,提高教师的学习参与度外,还需要教师经常性、系统化的自我反思,因此,教师要实时对自身当前的专业发展水平做出评价,对自己的工作和学习进行规划,养成记录日常专业生活中的关键事件的习惯,实现个人与自我专业发展的对话,及时发现发展中的不足,并对未来的发展规划做出适当的调整[4]。

(三)改革教师教育模式,建立开放的教师教育体系

中国的现代教师教育体系是一个自上而下的宏大的系统,是基础教育体系的支持系统。[5] 建立开放的教师教育体系要求改革过去教师的职前培养和职后培训分开的模式;改变教师培养在单独的封闭的师范教育体系中进行的模式;改革"小学教师由中等师范学校培养,初

---

① 王传金.教师幸福论[M].山东人民出版社,2009:183 – 185.

② A. W. Combs:The Professional Education of Teachers ,Allyn&Bacon,Inc. 1965. pp6 – 9.

③ 教育部师范教育司组织编写.教师专业化的理论与实践[M].北京:人民教育出版社,2003.67.

④ 吉兆麟.论青年教师自我专业发展意识的培养[J].教育与职业,2007(32):140.

⑤ 王建磐.中国教师教育:现状、问题与趋势[A].周南照等主编.教师教育改革与教师专业发展:国际视野与本土发展[C].上海:华东师范大学出版社,2007.13.

中教师由师范专科学校培养,高中教师由师范学院和师范大学培养"①的模式。开放的教师教育体系要求:

(1)教师教育职前培养、在职培训和职后进修一体化。

(2)采取多样的教师继续教育方式,如以高校为主要培养阵地,旨在提高教师学历的"课程本位"模式;以大学、教师培训中心、民间非营利教师委员会或协会为主的"教师本位"模式;以教师任职学校自主制定培训计划、自主组织培训活动的"校本培训"模式;以远程技术为主的网络培训培训模式;以大学与中小学相结合,共同设置培训目标、内容等的"伙伴协作"模式。

(3)要有灵活的教师继续教育形式。设置短期、中期、长期的师资培训班,采取全日制和部分时间制、脱产和不脱产、函授和面授等多种形式。

(4)建立政府行为与市场相结合的教师教育事业运行机制。在我国,虽然中小学教师资源总体上仍由政府供给,但要通过劳动力市场配置,引入竞争机制,积极推进教师教育的制度创新,实行定期认证的教师资格制度,完善教师继续教育制度,建立有利于教师终身学习和专业发展的教师培训机制,建立教师教育机制的资格认证制度、质量标准和评价制度等。

(5)积极推进教师教育制度的规范化、法制化建设,切实保障广大教师的合法权益。在建立和完善与教师教育相关的制度同时,还要建立相应的监督管理机制。特别是要加强对教师培训市场的监管,改变当前教师培训在培训内容、培训时间安排、培训质量、培训经费等方面的混乱状况。

(6)从国情出发,从实际出发。开放的教师教育体系的建立要求我们要结合中国当前农村的教育实际,紧跟新农村建设步伐,充分考虑基础教育的均衡发展要求,又要避免盲目冒进将对城市和发达地区的教育要求,生搬硬套到广大的农村。

(四)紧扣新课改,针对不同层次的教师规划继续教育课程

在教师教育过程中,不断将理论和实践相结合是世界各国构建教师继续教育课程的一贯原则,提倡教师参与课程设置,将掌握的教育观念和方法运用到教育实践中,将一线教师在教学中的专业性强、应用价值高的经验经反思提升为理论加以深化。这样一来,教育专业理论与教育实践研究双管齐下,教育理论课程的设置与教师教育的实践密切结合,教育继续教育课程的实效性就会更强。

教育部关于《中小学教师继续教育规定》,明确提出"要提高在职教师的思想政治和业务

---

① 顾明远.中国教师教育的改革和发展[A].周南照等主编.教师教育改革与教师专业发展:国际视野与本土发展[C].上海:华东师范大学出版社,2007.18.

素质,即提高中小学教师队伍的整体素质"。为实现这一目标,在继续教育课程的设置上,一方面,要遵循中小学教师成长规律,设置多层次的课程目标。教育使人生在各个阶段的发展不断更新,教师的专业成长过程也是一个循序渐进、不断深入的过程,同时,教师的职称、学历水平等是有层次之分的,处在不同发展阶段的教师有不同的专业发展问题和需求,因此在课程设置时,要考虑教师的不同要求,注意层次之间的联系与衔接,以教师参加教育教学工作的时间、职称和教育教学经验的积累水平为主要依据,按照教师发展从"教师新手——熟手教师——学者型教师或专家型教师——教育家型教师"的阶段理论,对不同层次的教师,开设不同层次的课程;对同一层次的教师,由于年龄、教学能力、教学环境等的不同,培训的要求要有所侧重;对同一课程,对不同层次的教师,在教学中应有不同的要求。另一方面,教师继续教育课程还要以基础教育课程改革为核心内容。教师继续教育要注重实用性和实效性,《基础教育课程改革纲要(试行)》指出:"中小学教师继续教育应以基础教育课程改革为核心内容"。可以说,没有广大中小学教师观念的转变、确立新课程理念和对新课程教学实践的积极参与,课程改革就不会走向成功,提高教育质量和教师素质就无从提起。所以,在教师继续教育课程中,要"把当代教育改革的新理念、课程教学的新理论、新思想或新观点等讲解于中小学教师,提升其理论统摄的高度,使中小学教师充分认识和理解当代学校教育目的和当前课程教学改革的价值取向"①。

(五)建立多渠道培训体系

据调查,许多学校并没有提供教师专业继续教育的机会,尤其在偏远的农村,许多教师现在的学历与多年前刚参加教育工作时还是一样,也没有进行过专业进修。而教师要获得自我实现的需求,其必定要不断学习,提高专业知识、教学水平。所以为参与流动的教师提供进修培训的机会,促进教师的发展,有利于激励教师参与流动。

"国培""省培"计划适当地给农村学校配额比例提高。每年从每所农村学校教师中选派1~2名教师利用寒暑假时间参加以专业技能、教学改革、教材建设等内容的短期研讨班、讲习班和培训班。农村学校的教师优先享有参加合作交流会、讲座、报告会及参观考察的机会。

近年来实行"特岗计划",无疑为偏远地区学校增加了新鲜的血液,优化了农村教师结构,但是特岗教师也有一些不足之处,服务期限3年太短了,教师出路不明确。大部分特岗教师担忧3年服务期满以后何去何从。政策规定特岗教师服务期满以后愿意留在本校的,要负责落实工作岗位,保证享受当地教师同等待遇;但是不愿留在本校的,没有相关的安置

---

① 韩延伦.对当前中小学教师继续教育课程设置问题的思考及建议[J].继续教育研究,2006(6):12.

政策,在 3 年的时间内也难免会有"水土不服"难以适应艰苦的环境的,所以如果没有细致的政策保证,特岗教师也难成为一个长效机制,或者成为部分教师的跳板而已。不仅要吸纳新鲜血液,更要培养土生土长、愿意扎根农村的教师,他们中相当一部分因为各种原因准备一辈子为农村教育事业奉献,这样的教师如果加以培训,一定能成为农村义务教育教师的主力军。每个学校每年推荐 1—2 名教师带薪进入各个重点学校进修学习,并且由县级教育部门给予一定的生活补贴和差旅费,学习周期大概为半年到一年。进修期间课程由学校其他老师分担,下次其他教师进修也同样分担他们的教学课程。进修老师回校后做好学习汇报工作;组织同专业的老师集体备课、集体办公,从而全面提高教师的教学水平和学校的办学水平。但是也有部分老师学成以后进入其他优质学校,为了防止这种"为他们做嫁衣裳"的现象出现,教师进修培训都应该规定服务期限,签订协议,服务期不满的应该要缴纳一定的违约金。

(六)政府部门要完善和健全教师培训制度

1. 要制定地方法规,明确教师接受培训的权利与责任

伴随着教育的现代化发展,教育改革的重点已转向教师队伍建设,教师培训作为提高教师素质、改善教育质量的重要途径,在社会各界已达成共识。我国的《教育法》《教师法》明确规定了教师接受再教育的权利,教育部发布的《中小学教师继续教育规定》,对教师继续教育的内容、组织管理、条件保障等作了进一步的规定。因此,地方政府应重视小学教师的在职培训工作,制定地方法规,务必做到"有法可依、有法必依、执法必严、违法必究",依法保障教师培训的权利和责任。这里要注意三个方面的问题:一是地方政府要根据国家的有关法律、法规制定出操作性强的规章制度,防止基层学校以各种理由限制教师参加培训的权利和自由。二是地方行政法规应明确教师培训的经费来源,为教师在职培训的顺利开展提供必要的物质保障。三是地方行政法规的制定要充分体现目前教师的发展需求,为教师实行学历教育与在职培训一体化提供制度性服务。

2. 要构建充满活力的教师教育培训体系

在我国,中等师范学校长期以来是培养小学教师的工作母机。我国的教师教育体制正处于转型的关键期,但湖南省的现实,使得中等师范学校在撤、并、合后在一个相当长的时期内和普通高等师范院校一起共同承担着小学教师继续教育的重要使命。构建充满活力的教师教育培训体系必须做好以下几个方面的工作:

(1)伙伴协作式的培养模式。大学与中小学分属于生产不同文化资本的不同"场域",在协作过程中,要强调大学研究者与中小学工作者之间权力关系的变更,即从传统的诉诸权力

转变为共享权力,相信教师通过权力共享可以释放出更大的潜能①。

(2)"本土 + 专家"的培养途径。即授课教师和专家要具有丰富的教师教育理论和教师教育经验,熟悉当地教师培训的现状,能够熟练掌握现代教育理论和方法,实行每一门课程由一位主讲教师和一位辅助教师组成,实施协作教学。

(3)教育科学理论 + 经验智慧的培养计划。小学教育是一个专业化程度极高的专业,研究者和培训者要经常通过假设、实验、分析、讨论、归纳等研究过程,并要求把理论思辨和现实需求结合起来②。

(4)"以学习者为中心"的教学理念。在教师教育中,"以学习者为中心"的本质内涵是:从全面提升学习者的专业素养出发设置课程;从提高学习者从教能力和从教水平出发开发教学内容;从教师与学习者平等参与、共同发展的角度进行教学设计和选择教学方法;从教师专业终生发展的角度实施教学评价等。

(5)重在"学会学习"的教学策略。主要包括激发学习者的学习动机,开发多种形式的教育资源,选择合适的学习方法,在安排自己的学习过程方面强调利用有效的学习手段,实施并监控整个实施过程,使培训教师的学习更富有创造性。

(6)模块化的课程设置。培训课程应出三个模块构成:一是教育理论课程,二是教育教学技能课程,三是学生发展课程。

(7)"需求 + 需要"的教学方案设计。强调将调研中获得的第一手资料融入教学中,在内容、方式、方法等方面努力与教师的教学需求相一致,并据此设计教学方案,确定教学内容。通过将需求调研的结果融入培训教学计划中,使受训者体会到培训切合学校和教师的真实需要。

(8)参与 + 互动的学习方式。要求全体学习者的全面参与,调动已有经验,主动建构。主张平等交流、对话式的教学方式。尝试在受训者建立"合作学习"的学习型组织。

(七)学校要鼓励并监督教师参加培训

各校必须建立、健全教师培训各项制度。校长作为教师培训工作的第一责任人,必须加强对教师培训工作的全程管理,为促进教师专业成长全程服务。

(1)各校要以校本培训为主要形式,因地制宜充分利用学校现有教育资源,创造性地开展教师培训工作。

---

① Blasé, J. , & Blasé, J. (2001). Empowering Teachers:What successful principals do (2nd Ed.). Thousand Oaks,California:Corwin Press.

② 蔡宝来.基于教师专业发展的教师教育发展模式[A].徐辉主编.教师教育研究与评论(第 1 辑)[C].浙江大学出版社,2006 年,57.

（2）以省、市、县各级各类培训为依托，促使教师参加多种渠道培训、学习活动，从而不断提升专业水平。

（3）从本校教师现状出发有针对性地制定出教师培训长远规划，教师也要结合自身特点认真制定出切实可行的专业成长计划。这样通过多种渠道和多种形式的培训、学习活动，充分利用一切可利用的教育资源，为每一位教师的专业成长搭建平台，从而使教师的整体素质得以提升。

二、发挥县级教师培训学校的基础性作用

当今时代是教育全面发展的时代，是网络信息化高度发达的时代，是知识日新月异的时代，是学生求知若渴的年代，而农村教师普遍老化的情况下，怎么转变农村教师的教学观念，提高农村教师的知识水平、教学水平和综合素质以满足学生的迫切需要已成为当务之急。国家和政府也采取了很多措施和方法来提高农村教师的素质，例如在全国推行"国培计划"，把农村教师送到高校进行短期培训；例如启动实施全国教师教育网络联盟计划，积极运用现代远程教育手段开展教师培训；例如组织实施一系列国家级培训示范项目，帮助广大农村一线教师解决教育教学中的实际问题。这些措施确实对提高农村教师的教学水平、扩大农村教师的知识面、提升农村教师的综合素质起到了一定的作用，但没有彻底改变农村中小学教师素质普遍较差的现状，更没有彻底改变我国广大农村教育落后的现状。当前农村教师年纪普遍偏大，思想僵化，对新生事物的接受能力不足，大多是半边户，平时一边教学，一边还要帮助家里劳动，故土难离，主观上没有学习的愿望，客观上没有接受新知识的能力。更何况能够参加"国培计划"的毕竟是极少数的人。要想真正全面提高农村教师的教学水平，扩大他们的知识面，提高他们的综合素质还得依靠遍及全国的县级教师培训学校。

2011 年 1 月 4 日下发的《教育部关于大力加强中小学教师培训工作的意见》与 2011 年 11 月 29 日下发的《教育部办公厅关于开展示范性县级教师培训学校评估认定工作的通知》都要求加强县级教师培训学校的建设。《教育部关于大力加强中小学教师培训工作的意见》明确指出："教育大计，教师为本；有好的教师，才有好的教育；教师的培训工作是提高广大教师队伍整体素质的重要环节，是推进国民素质教育、促进教育公平、提高教育质量的重要保证。"《教育部关于大力加强小学教师培训工作的意见》还明确要求："要充分发挥广大县级教师培训学校的服务和支撑作用；要积极推进广大县级教师培训学校的改革建设；要积极促进广大县级教师培训学校和相关学校的整合与联合；要大力加强广大县级教师培训学校的基础能力建设；要大力促进资源整合，进而形成上联优秀高校、下联普通中小

学的区域性广大中小学教师学习和资源中心;要充分发挥各级县级培训学校在教师培训中的组织协调、服务支持等方面的重要作用。"

教师进修学校主要职能不是上课,而是教师学习培训的规划者、培训模式的建构者、培训课程的设计者、培训过程的管理者、培训教学的服务者、培训跟进的监督者,是县级教师学习的教育资源的"超市",教育现代化的"窗口"、上挂高校下联普通中小学的"桥梁"、教师培训与科研的"平台"、教师共同的"家园"。

(一)更新观念

观念是人们在实践当中形成的各种认识的集合体,是人类支配行为的主观意识,它给予了我们一切思想和行动的原则、方向和行为轨迹,它起着根本的指示和规范作用,具有主观性、实践性、历史性、发展性等特点。人的行为都是受执行者的观念支配的,观念正确与否直接影响到行为的结果。正确的观念能指导人们从事正确的工作,采取正确的方法,从而避免人们少走弯路,提高工作效率。英格尔斯说过:"如果没有观念的现代化,那么再完美的现代制度和管理方式,再先进的技术工艺也会在一群传统人的手中变成废纸一堆。"教育观念对教育实践有着巨大的指导作用,它改变着教育的面貌,决定着教育的成败。先进的教育观念产生积极的教育行为,使教育获得成功;落后的教育观念则产生消极的教育行为,导致教育的失败,甚至伤害了我们的学生。常言讲得好"事业有成,理念先行""思想决定行动,态度决定高度""思路决定出路",这里的理念、思想、思路就是我们常指的观念,由此可见,观念的重要性。

教师培训是终身化学习的体现,要求广大教师要摒弃管用一生的一次性教育观念,树立贯穿一生的终身学习思想。教师培训是教师知识不断更新的需要,是教师教学能力不断提升的保证,是教师领先时代步伐的重要举措。教育是发展的,教师培训也要与时俱进。要做到与时俱进,首先就要对"时"有个全面的把握,总结"过去时"的经验教训,了解"现在进行时"的特点和问题,分析"将来时"的要求。

1. 转变培训学校教师的观念

县级教师培训学校的教师要转变两个观念,一是转变自己继续参加培训的观念,二是转变对县级教师培训学校作用的看法的观念。

各级教育部门和县级教师培训学校要对进修学校的教师加强宣传,进修学校的管理者必须首先转变观念,带头学习,带头参与更高一级的各种培训,努力提升自己的教学理念和管理水平等,广大教师也要与时俱进,牢固树立终身学习思想,不断学习,不断参与各种培训,积极提升自己的专业知识和教学方法等。

县级教师进修学校过去以学历教育为主,是当时特定的历史条件决定的,并非教师进修学校的真正目的。县级教师培训学校立校的真正目的是通过对在职广大中小学教师进行继续教育培训,及时更新他们的知识,不断提高他们的教育综合能力。

教师培训学校的每一位教师都应当自觉树立责任感、危机感和使命感,充分意识到培训学校和自己在提高教师教学水平和提高国民素质中的重大作用,全心全意地投入教师培训工作之中,为提高中小学教师教学水平和国民素质作出自己最大的贡献,鞠躬尽瘁,死而后已。

2. 转变参训教师的观念

教育部门、县级人民政府和县级教师培训学校要对所有中小学教师加强宣传,转变他们参训的观念,让他们意识到"学如逆水行舟不进则退",要树立"活到老,学到老"的思想,"给学生一瓢水,自己先要有一桶水",不然就会被历史淘汰,就会误人子弟,就会"下岗"。

教师也要加强学习,转变参训观念,放弃"一次教育,享受终生"观念,树立终生学习的观念。在职培训是促进教师专业发展的关键措施,是教师专业发展的重要途径。只有通过不断学习,才能不断获取新知识,才能不断提高自己,才能满足学生不断的需求,才能为人师表,过去那种照本宣科的时代已经一去不复返了。

(二)加大投入

教育投资是指投入教育领域,用于培养后备和专门人才,提高现有劳动力素质的人力和物力的货币表现。教育投资是教育发展的必要前提和物质基础。国家教育投资与国民生产总值的比例体现了教育投资与国民经济的关系,反映了国家对教育事业的重视程度,体现了教育投资的水平和规模。改革开放以来,我国一直非常重视教育的发展,教育投资金额及比例在不断上升。

2011 年《教育部关于大力加强中小学教师培训工作的意见》明确要求各级地方政府和教育部门:"要建立健全财政投入为主体、社会投入和个人出资相结合的教师培训经费投入机制;要建立健全教师培训专项经费管理制度,提高教师培训经费使用效益。"

按照先进性和实用性原则,加强县级教师培训学校的硬件建设。县级教师培训学校的各项硬件建设要符合教师职业专业化发展的特点,重点加强适用各学科教师培训的实验室、多媒体教室、图书资源等设施设备的建设,其标准应在当地逐步取于领先水平。

加强县级教师培训学校卫星电视和计算机网络等远程教育信息化基础设施、环境和资源建设。建设卫星电视接收系统和能与互联网相连接的高效实用并与所辖区域内中小学相连通的计算机网络系统。

1. 政府直接投入

教育的根本问题是投入的问题。我国教育部多次下发文件强调加大广大中小学教师培训的投入,例如2006年财政部、教育部《农村中小学公用经费支出管理暂行办法》明确规定:"学校年度公用经费预算总额的5%用于教师参加培训所需的差旅费、伙食补助费、资料费和住宿费等开支。"2011年《教育部关于大力加强中小学教师培训工作的意见》明确要求各级地方政府要将中小教师培训经费纳入各级政府预算。

改革开放以来,特别是新时期以来,我国更加注重教育的发展和人才的培养,提出了"科教兴国""人才兴国"战略,我国教育投资有了前所未有的增长,教育事业也有了前所未有的发展,科学教育事业呈现一派欣欣向荣的景象。但我国教育事业的总的投入仍不能满足我国教育事业发展的需要,我国教育经费的投入仍旧是世界上最低的国家之一。联合国教科文组织统计数据显示:1991年世界平均公共教育经费占国民生产总值的5.1%,发达国家为5.3%,发展中国家为4.1%,最不发达国家为3.3%,中国仅为2.3%。中国教育报公布的2009年世界主要发达国家与金砖四国的教育投入情况表明我国教育投入还是比较低的。

表5-1 主要发达国家与金砖四国的教育投入情况

国家	排名	人均公共教育支出	排名	公共教育支出占GDP的百分比(%)	国民生产总值DDD 百万美元	人均GDP 美元DDD
美国	6	2684.00	7	6.20	13 453	43987
法国	12	2161.00	10	6.11	1 997	32382
英国	14	2100.00	17	5.61	2 064	33908
德国	19	1422.00	38	4.00	2 729	33175
日本	20	1396.00	40	3.91	4 167	32609
韩国	25	726.00	31	4.41	1 169	24119
俄罗斯	38	267.00	41	3.90	2 020	14208
巴西	41	216.00	30	4.51	1 786	9431
印度	52	24.00	49	2.90	2 978	2592
中国[①]	50	42.00	51	2.41	6 786	5136

[①] 注:此数据不包括港、澳、台地区

近五年全国财政教育支出累计4.45万亿元,年均增长22.4%。全面实现城乡免费义务教育,所有适龄儿童都能"不花钱、有学上"。其实我国在1994年就提出教育投入要达到GDP的4%,但经过十多年的发展还是没有落实。国家要加大投入,各级政府也要加大投入,要提高教师工资,提高教师各种待遇,改善教师工作、生活环境,改善教学硬件和软件设施。在发达国家,教师的工资和福利是最好的。只有用最好的条件才能吸引最优秀的人才,作为县级教师培训学校的教师应该是当地最优秀的,条件应该是当地最好的,因此国家和各级地方政府更应加大投入。

我们要像发达国家保障教师培训经费的投入与到位一样，不仅颁布法律明文规定政府投入大量的经费且逐年提高，而且还要以立法的形式切实保障其经费数量到位。

2. 吸收社会资金

以前县级教师进修学校总是被动地等待国家和各级政府的投入，没有国家和各级政府的投入就是死水一潭。随着改革开放的深入发展，我们要拓展思路，创新发展，县级教师进修学校也要像国家创办学校一样，允许社会各类资本的注入，国家和各级地方政府要给予县级教师进修学校各种优惠政策，只要有利于县级教师进修学校发展的就要允许和鼓励，例如鼓励县级教师进修学校接受社会各界人士的捐款；例如允许社会资本创办县级教师进修学校；例如允许县级教师进修学校和社会资本共同办学；例如鼓励县级教师进修学校在富裕的条件下可以从事其他有利于本身发展或改善本身条件和提高教师待遇的事情。

（三）完善教师培训机制

1. 加强培训的执行力和监督力

现在县级教师的培训很大程度上存在着"重形式，轻内容"的现象，因此培训效果总是不很理想。县级教师培训效果很大程度取决于培训制度的执行力和监督力度。教育部明确要求各级教育行政部门要把县级教师培训学校建设的水平作为评估当地基础教育工作和中小学教师继续教育工作的重要内容，广大县级教师培训学校要建立和完善教师培训质量监控和测评制度、要建立和完善教师培训质量评估机制和体系，要大力加强对培训学校建设和办学质量的督导和评估，要采取多种有效方式对培训项目实施过程进行评价和绩效评估，督导部门要进行督导检查和评估。培训满意度必须达到 80% 以上。《教育部办公厅关于开展示范性县级教师培训学校评估认定工作的通知》（教师厅函〔2012〕26 号）决定于 2012—2015 年间在全国开展新一轮示范性县级教师培训学校评估认定工作，以促进各地县级教师培训学校建设，提高培训质量。

2. 健全教师培训激励机制

根据《教育部关于大力加强中小学教师培训工作的意见》（教师〔2011〕1 号）和《教育部办公厅关于开展示范性县级教师培训学校评估认定工作的通知》（教师厅函〔2012〕26 号）文件要求，各级教育行政部门和广大县级教师培训学校要健全教师培训激励制度，鼓励教师及时积极参加培训；建立职称评定、年终考核等梯级激励制度，既要用制度规范教师终身学习，同时又要激励教师自主学习。

3.完善继续教育培训体系

教育部必须抓紧制定教师培训学校建设的政策法规,以法律法规的形式对中小学教师培训学校发展予以保护。省级教育行政部门应依据教育部的有关政策法律法规,结合当地实际,制定加强当地县级教师培训学校建设的地方性政策法律法规和具体执行标准要求,以促进当地教师培训学校的发展和培训工作的持续健康发展。评选示范性教师培训学校,并给予奖励,对不合格的学校,我们应该分析其原因,帮助其发展。

县级行政管理教育部门要切实加强对当地教师培训学校的领导,务必按照"地方负责、分级管理、以县为主"原则,制定好当地县级教师培训学校发展建设规划,明确相关部门的职能和分工,协调并加以督促和落实;县级教育行政部门务必要从时间、空间和经费等方面加强对县级中小学教师培训学校的建设,促进培训学校的全面发展;县级教育行政部门要规制出一套系统的、可操作性的、有明确规定的中小学教师继续教育培训政策,尤其针对农村教师培训应该采取必要的倾斜政策,加大力度优先抓好,从而达到完善继续教育培训体系。

(四)整合人才资源,提高培训学校教师素质

教育大计,教师为本。有好的教师,才有好的教育。教师培训工作是推进国民素质教育,促进教育公平发展,提高国民教育质量的重要保证,是提升教师队伍素质的重要环节。当下真正制约我国全面推进国民素质教育的关键元素与根本动因是教师的素质、能力和水平。培训学校教师的素质直接决定培训的效果,因此加强县级教师培训学校教师的素质建设,迫在眉睫。

县级教师培训学校必须根据在职教师培训独有的规律和特点,广泛开展全方位地培训。必须与时俱进,及时转变工作方式方法,切实增强工作的针对性、有效性。要积极探索各种行之有效的教师培训形式和模式。

县级教师培训学校人才资源整合有两层含义:一方面是多方教师的共同教学,为培训学校注入新的血液。培训学校必须树立正确的开放意识,通过与高等学校、电大、教科研等学校开展联合或合作等多种形式的办学,整合优质资源,实行共办单位的资源共享,形成合力,构建"多功能、大服务",把临近高校、当地教研室、教科室、电教中心,甚至优秀的中小学等单位纳入教师进修学校,与它们共同办学,提高综合实力。这种整合有利于中小学、培训学校、相关教育行政部门和高校真正建立密切的伙伴关系,把各组织中的优秀教师都吸纳进来,使他们成为培训学校的真正一员,使培训学校的教师结构更加灵活、开放,有利于促进培训学校办学机制的灵活与开放,有效提升中小学教师素质。这些教师有别于一次性请来讲学的专家身份,他们是培训学校的固定教师,定期对培训学校进行讲学,更有责任感和使命感,自愿接受

培训学校的任务安排。

　　另一方面是完善"走出去,引进来"的教师培训制度。"走出夫"是在原有的专职教师中选派优秀教师到教育发达地区的教师培训学校学习、考察,以学习先进的培训经验,提升自身的教学素养。"引进来"就是聘请著名专家或学者来培训学校讲学,通过讲学,让广大培训学校教师及时掌握最先进最科学最有时代精神的教育理念,有便于及时更新自身的学科知识,改进教学方式和教学方法等。

第六章　形成多方参与的利益成长共同体

从现代组织理论看来,任何组织的存在都是由于它符合了某一些利益群体的利益,实现了相关利益群体的期望。农村中小学教师的各利益相关者对教师有不同的期望和要求,因此,在新课程改革的背景下,要进一步提升农村中小学教师素质,必须统筹兼顾各方利益,尽力满足各方诉求,在家长、学生、管理者及教师之间形成和谐、信任、共同发展的关系,形成合力。

一、尊重农村教师诉求,建立合理的激励机制

根据马斯洛需求理论,人的需要可分为五类,即生理需要、安全需要、社会交往需要、尊重需要和自我实现的需要。这五类需要从低级向高级依次发展,形成金字塔形的层次。要激发人的心理的内在诱因去努力工作,提高工作效率,就要采取有效的管理措施去满足职工的上述需要①。人的需要具有递进层次,教师有自我实现的需要。因此,学校在管理过程中,要处处为教师着想,不仅要注重高职称优秀教师的管理,更要注重年轻教师的职业规划,高职称优秀教师是学校发展的中坚力量,年轻教师是后备军。参加工作不久的年轻人,来到一个艰苦的环境,他们不仅仅局限于工作的报酬,更多的是自我价值的体现和自身能力的展现,学校应该营造一种和谐宽松的人文环境,为需要展现自己的教师提供发展的平台,以此调动其对工作的积极性。

在遵循“物质激励和精神激励相结合、内在激励和外在激励相结合、公平与效率相结合”原则②的基础上,树立以服务和激励为中心,以人本管理为主的理念。打破制约全员激励和共同学习的机制桎梏,为教师素质的提升创设更多的支持性文化氛围,善于对教职工进行心理鼓舞和智能激励,激发他们的工作动机和积极性;善于对教职工进行才智激发,鼓励教师采用创造性的思想和方法解决问题,采用革新性的方法工作。“以人为本”要求学校在管理中,要以“教师”为本,在兼顾教育工作需要的同时,兼顾教师个人发展的需要,确立公平的职称评聘

---

① 苏东水.管理心理学(第四版)[M].复旦大学出版社,2002.
② 谌学英.谈中学教师激励机制的建构——从中学教师工作满意度视角[D].湖南师范大学,2006.33-34.

机制、公正的晋升激励机制、健全的信息共享机制、完善的内部分配制度等,为教师提供宽松的制度环境,培养具有个性的教师。

(一)满足农村教师的精神需求

1. 情感激励

根据马斯洛需求层次理论可知,情感的需要和尊重是自我实现的基础,可见教师要获得尊重和自我实现的满足,情感满足是不可或缺的。教师处在教育教学的工作岗位上,其情感的满足来自校领导对其的肯定、关心和学生对其的尊重和爱戴。对于支教与长期在农村任教的教师来说,情感上的需求更为迫切,因而我们有必要满足他们的这种需求,让教师能更加投入到教育教学的工作中,继而推动教育事业的良好发展。可以从以下几个方面进行:

(1)每月举行教师座谈会,邀请校领导参与,加强教师与校领导、教师与教师之间的沟通交流,倾听支教和长期工作在偏远地区教师们在工作和生活中的体会,及时给予人文关怀,对有困难的教师给予关心和切实的帮助。

(2)每月举行年级师生座谈会,派学生代表和各年级任课教师及班主任参与座谈会,加强学生与教师的沟通交流,增加彼此之间的感情,让教师能深入了解学生的学习和心理状态,以便做出有效的措施,提高教学效率,让学生学得轻松,教师教得愉快。尽量让教师们在轻松、愉悦的环境中毫无忧虑的工作,让他们感觉到集体的温暖和对个人的尊重,从而愿意留在这个集体,愿意为集体奉献。

2. 荣誉激励

荣誉是指一定的社会或集团对人们履行社会义务的道德行为的肯定和褒奖,是特定人从特定组织获得的专门性和定性化的积极评价。教师是为人师表,传道授业解惑者,是广大学生学习的典范和榜样,因而教师更需要获得各种荣誉来树立良好的形象,发挥先锋模范作用。基于对支教和长期在农村任教的教师的一种肯定,对这些教师授予模范荣誉证书并进行公开表彰,设立"最佳奉献奖""县优秀教育工作者""校优秀青年教师""教坛新秀""十佳教师"等评选中进行适当加分,加分情况同上述职务晋升及职称评定参考标准一致,在县域内对他们这种奉献精神弘扬、倡导。

(二)改善教师待遇

财政理论规定基本公共服务最低供应原则,任何公民无论居住在哪里,都应获得同等的最低水准的基本公共服务,当某些地方政府由于当地经济不发达而不能保证本地居民在正常条件下获得与其他地区同等最低公共服务时,上级政府有责任在财政上帮助这些经济不发达的地方政府①。

目前教师岗位工资和薪级工资是固定的,而绩效工资中的奖励性绩效工资应根据地域有所变化。2009年在《义务教育学校实施绩效工资的指导意见》中指出绩效工资包括基础性和奖励性两部分。基础性绩效工资主要体现地区经济发展水平、物价水平、岗位职责等因素,占政府人事、财政部门核定给学校主管部门掌握的绩效工资总量的70%。各类人员的具体项目和标准由县级以上政府人事、财政、教育部门根据岗位类别、岗位等级确定,按月发放。奖励性绩效工资主要体现工作量、实际贡献等因素,占学校主管部门掌握的绩效工资总量的30%。由学校根据本校实际情况,制定具体分配方案,原则上每学期发放一次。如果制定合理的绩效工资考核办法,能够提高教师的积极性。根据对各学校校长的访谈,他们认为绩效工资必须由学校根据实际情况制定相应的方案,并且倾向一线教师。另外希望能在工资收入中单列一项作为农村偏远地区教师的下乡补贴,根据调查者的期望按照目前的收入水平有69%的被调查者认为在边远区应该补贴标准为1000—1200元/月,接近城区的可以适当降低标准,调离这些地区则取消这项津贴,以此稳定农村教师队伍。所以政府和主管部门经费分配上应该倾向于农村偏远地方的中小学,促进中小学教师积极参与流动,推动中小学教育的发展。

我国的教育投入水平在全世界范围内一直处于较低水准。相对于其他国家,我国教师的工资明显较低。《中华人民共和国教师法》(1993年)明确规定:"教师的平均工资水平应当不低于或者高于国家公务员的平均工资水平"。提高教师工资水平,首先,反映的是社会主义劳动价值观的问题。在知识经济时代,受教育程度越高,其工资收入水平应该越高;多劳多得,少劳少得。教师工作作为一种复杂劳动,其创造的价值不是简单劳动所创造价值的累加,教师应取得的报酬应该比简单劳动更高,"脑体倒挂"的现象是不符合知识经济社会的要求的。其次,这是稳定教师队伍,提高教师素质的重要举措②。调查显示,农村中小学教师对目前的工资待遇普遍不满,农村中小学校中存在着优秀人才不愿进来,骨干教师留不住的情况,极大地影响了教师队伍的稳定和发展。2010年2月28日,《国家中长期教育改革和发展纲要(2010—2020年)》(公开征求意见稿)开始向全社会公开征求意见。纲要将"加大教育经费投入,建设高素质教师队伍"再次提上日程,充分显示了国家对教育的重视和决心。最后,提高教师待遇要落到实处。提高教师待遇不能只停留在口头上,教育薪酬要和工资级别相对称,

① Dilworth,Mary E - lmig. ProfessionalTeacherDevelopmen and the Reform Agenda. ERIC Digest,2005(6):55.
② 彭卫忠. 高中教师工作负担问题的调查[A]. 李剑萍. 校长领导与学校效能的实证研究[C]. 济南:山东人民出版社,2005.203.

要和其他行业工资的增长一致,否则,只说不做的行为只会让教师产生被糊弄的感觉。事实上,早在1999年,教育部在《中小学教师继续教育规定》中就明确:"继续教育经费以财政拨款为主,多渠道筹措,在地方教育事业费用中专项列出。地方教育费附加应有一定比例用于义务教育阶段的教育培训。"并规定:"继续教育费用由县级以上教育行政部门统一管理,不得截留和挪用。"可见,只有明确各级政府保障中小学教师队伍建设投入的责任,落实好国家关于提高中小学教师的各项工资待遇政策,让教师从国家划拨的教育经费中受益,才能为农村中小学教师素质的提升提供有效的经济保障。虽然教学环境艰苦,但工资上的优势也能使农村教师心理上得到慰藉。

我国江西省在提高农村教师待遇,确保农村教师编制方面做了较好的探索,取得了较好的经验。如比照《江西省2007年中小学教职工编制管理》的新规定,在该省农村中心小学以下的所有教学点均班为单位额配备编制,从而确保每个班有1到2名教师编制。据统计,江西省的该项扶持农村教育措施,增加一万余名农村中小学教师,各级财政增加教育投入上亿元。

本书作者建议:实行县域内所有义务教育教师统一发放工资的基础上,对农村教师实行专项补贴,并建议设立专项资金,对农村中小学教师按离县城的距离分区设立补贴标准,按月发放,统一由县一级主管部门管理,保证专项补贴及时到位。建立健全农村教师医疗、养老等社会保障制度,逐步提高教师的福利水平,大大提高偏远地区内的教师补贴,使农村教师在工资福利方面感觉到比城镇教师明显的优越感。

二、重塑师生间的和谐关系

在学校教育场域中,教师与学生是构成学校关系网络的主导力量,良好的师生关系是教育教学活动顺利进行和教学目标完成的基本保证,是新课程改革对教育大众化、终身化中师生关系的必然要求,对农村中小学教师素质提升起着积极的促进作用。良好的师生关系表现为师生在心灵上、情感上、行为上的融洽,理解信任、民主平等、和谐共生是师生间和谐关系的主要特征。

(一)确立正确的师生角色意识

教师和学生树立正确的角色意识是重塑和谐师生关系的前提,不同的角色意识会导致不同的行为结果,形成不同的师生关系。师生关系作为包含着多种内容的复杂的关系体系,受政治、经济、文化等因素的影响和制约,在不同的历史时期有不同的师生观。传统的师生关系强调教师和学生之间的二元对立关系,随着社会经济的发展和教育改革的进一步推进,教师和学生在教学过程中的角色不断变化,人们越来越认同教师和学生是主体间性关系,是"我—你"的对话或交流关系,教师是学生趋益避害的引导者,是学生健康成长发展的促进者,学生是具有选择权利的自由者,是对自己的选择负责的选择者。"教师就意味着奋斗、期待、盼望;意味着继承、标新立异和创新"①,《基础教育课程改革纲要(试行)》也要求"教师在教学过程中应与学生积极互动、共同发展,要处理好传授知识与培养能力的关系,注重培养学生的独立性和自主性,引导学生质疑、调查、探究,在实践中学习,促进学生在教师指导下主动地、富有个性地学习。教师应尊重学生的人格,关注个体差异,满足不同学生的学习需要,创设能引导学生主动参与的教育环境,激发学生的学习积极性,培养学生掌握和运用知识的态度和能力"②。可见,教师和学生在这样的角色意识下形成的师生关系,必然是一种能够相互理解、相互信任、民主平等、和谐共生的关系,教师在和谐的师生关系中必定能够不断地超越自我,得到自我素质的提升,而学生也会在融洽的教育环境下体验到学习知识所带来的愉悦感、满足感。

(二)增强教师的师生交往资本

"资本"是布迪厄场域理论中的一个重要概念,他认为在场域中,资本是"使它的所有者能够在所考察的场域中对他人施加权力,运用影响,从而被视为实实在在的力量,而不是无关轻重的东西"③。结合布迪厄对资本的研究与分类,可以把教师的师生交往资本分为身体资本、经济资本、文化资本、社会资本和符号资本。事实上,在学校教育场域中,学生也同样具有这五种资本,只不过在学校教育场域中,教师凭借强势的资本力量占据着更有利的地位。师生关系是一种实践性的关系,通过师生交往来实现。增强教师的师生交往资本在师生交往中的影响力,是构建和谐的师生关系的重要途径。一要加强对教师德性的教育。教师德性是"教师在教育教学过程中不断修养而形成的一种获得性的内在精神品质",教师的师生交往资本共同构成了教师德性形成的基础,对教师德性的教育要求是"对学生的无害、无欺、公平和有益"④,能够最终建立教育性的师生关系。二要坚持教育性的师生交往方向。教师运用自身的师生交往资本既能达到教育性的目的,也可以达到非教育性的目的,例如从学生和家长中获得不当利益或不履行教师职责。因此,必须坚持教育性的师生交往,使教师行为正当化,形成教师权威,从而得到学生更大程度的认可,形成良性的师生互动。三要综合提高,突出优

① 叶澜等.教师角色与教师发展新探[M].北京:教育科学出版社,2001.39.
② 中华人民共和国教育部.教育部关于印发《基础教育课程改革纲要(试行)》的通知[EB/OL].http://www.moe.edu.cn/edoas/website18/62/info562.htm,2001-06-08.
③ [法]皮埃尔·布迪厄,[美]华康德著.李猛、李康译.实践与反思:反思社会学导引[M].北京:中央编译出版社,1998,135-136.
④ 叶澜等.教师角色与教师发展新探[M].北京:教育科学出版社,2001.44.

势。教师在教育场域中,所拥有的资本差异较大,因而教师专业发展的策略应具有差异性,①教师拥有的资本在交往中对学生的影响并不是各种资本对学生影响的简单相加,在一定程度上,不同资本所带来的正负影响是相互抵消的。因此,教师要全面增强自身的师生交往资本,发挥优势,补足劣势,努力提升师生交往资本的总体影响水平。

(三)养成"倾听"的教育教学惯习

布迪厄的社会实践理论指出,惯习"最主要的是确定了一种立场,即一种明确地建构和理解具有其特定'逻辑'(包括暂时性的)的实践活动方法",是"深刻地存在在性情倾向系统中的、作为一种技艺存在的生成性能力"②。就学校教育来说,倾听早已作为学校教育场域的惯习而存在,因为"教学的本质是倾听和对话"③,因此,学会倾听是教师工作最基本的要求,也是让学生"学会认知,学会做事,学会共同生活,学会生存"的重要策略。但在具体的教育教学实践中,我们的学校却充斥着教师文化权威主义、教师文化效率主义和教师文化精英主义,无视"倾听"的存在。具体表现为:教师在话语行动上多使用独白式和布道式的话语,在互动过程中采用以教师社会中心式的称谓,表现出强烈的教学行为技术化、管理唯科学化、师生互动理性化的倾向,无视学生的经验,使师生关系异化,导致师生关系出现差异性和功利性。因此,只有重视倾听,实践倾听才能实现师生之间的平等交流,实现对作为个体的生命的响应和交融,重塑良好师生关系。倾听要求师生之间践行对话或交流,不仅要求教师倾听每一位学生,也要求学生学会倾听教师。一是要求教师具有倾听的意识,以赏识和参与的心态体验学生的成长,乐于倾听,善于倾听,在倾听的过程中关注全体学生,鼓励学生讲真话,倾听学生的欲求、学生的情感、学生的思想、学生的见解,④并在教育教学活动中有所行动。二是在学校教育场域中,学生以"言说"和"倾听"在教学中彰显"我在性"⑤。学生不仅要听教师的见解,也要听同伴的发言。养成在听的过程中对所听内容进行理解和反思的习惯,养成综合运用耳、口、脑和心的能力,勇于发表不同意见。

三、搭建合理的家校合作平台

加强家校合作是加深家长和学校、教师之间相互了解,促进双方有效沟通的重要手段。

---

① 张静,魏宏聚.论布迪厄实践逻辑理论对教师专业发展的启示[J].继续教育研究,2009(3):61.
② [法]皮埃尔·布迪厄,[美]华康德著.李猛、李康译.实践与反思:反思社会学导引[M].北京:中央编译出版社,1998,164-165.
③ 杨钦芬.教学即倾听——意蕴与可能[J].教育理论与实践,2008(12):49.
④ 刘瑞东.倾听:教师的一种重要能力[J].中国教育学刊,2007(7):77-78.
⑤ 杨钦芬.教学即倾听——意蕴与可能[J].教育理论与实践,2008(12):50.

构建系统、规范的家校合作平台,建立完善的家校合作关系可以促进学校和家庭之间的信息交流,优化学校教育的环境,提升教师素质。

(一)转变观念,树立家校理念

在农村,家校合作的理念在学校和家长之间尚很淡薄,在实践中存在着家长和教师相互推诿责任,过于关注学生学习成绩的情况,家校合作流于形式,因此,促进家庭与学校之间的合作,使家校合作成功有效地开展并坚持下去,必须首先转变观念。

第一,建立平等、信任的合作观念。在农村,家长的受教育程度较低,在知识、教育能力上与教师有较大的差距,在教育学生的问题上会有很多分歧,但作为家校合作中最主要的合作伙伴,双方在对学生的教育过程中有共同的期望和目标,处于平等的地位,因此,只有在平等互信的基础上,教师和家长才能进行对话,增进了解,在教育思想、教学内容、教学方法等方面得到互补。

第二,强化家庭和学校对家校合作的认识。学校教育和家庭教育必须统一已经得到大家的共识,但是在现实中,家校合作的实践水平较低,只限于在学习成绩上和教师的沟通,家长很少能够走进校园参与学校管理,学校常常以正规教育的身份将家长拒之门外,因此,学校管理者要对家校合作进行宣传、指导,增进家长和学校对家校合作重要性和迫切性的认识,改变教师和家长对学生成绩过分关注的倾向,明确教师、家长和学生的责任,认清各自的角色,鼓励家长参与学校管理,了解学生在校的教育、学习进展,共同促进家校合作的顺利开展。

第三,制订相应的合作计划,加强对家长的培训。学校作为家校合作的主要实施者、推动者,有责任有义务确立家校合作的目的、内容、方法,组织和策划各种家校合作活动。在农村,由于受经济等多方面的影响,一些家长忙于生计,无暇顾及子女的教育,将学生的学习完全视为学校和教师的责任,家庭教育的方式粗暴,在教育目的、教育内容上具有很强的封闭性,很多家长没有能力对子女进行教育。而教师除了对学生在校学习情况有所了解以外,对学生校外的情况几无所知,造成了家庭教育、学校教育、社会教育之间的脱节。因此,必须要大力开展家庭教育的宣传,组织家长进行相关培训,将家庭教育、学校教育、社会教育三者联系起来,使家长改变传统教育观念的束缚,唤醒家长在子女教育中的合作意识,提高家长对学校教育的关注与参与,切实履行起自己的责任。

(二)健全家校合作的法律法规及相关政策

健全的法律法规体系是家校合作的重要保障,也是维系和促进家校合作的重要手段。法律法规的建立有利于实现家校合作的规范化、系统化,提高家校合作的效率。目前,在我国,各级教育行政部门还没有以法律法规的形式规定家校合作的具体内容和实施办法,也没有把家校合作纳入学校的规范化管理。特别是在农村,很多学校只是开家长会而已,家长学校或家长联合会等组织形同虚设。

第一,国家教育行政机关要在教育条文中增加家校合作的条款,制定切实可行的办法,并明确标准,确立家长参与家校合作的责、权、利,保持家长权利和义务的平衡。

第二,各级地方政府和教育行政部门要根据国家的法律法规制定适合各地教育发展,体现各地经济和文化特点的地方性政策法规,使各地方教育行政部门可以依法行政,督促学校对家长参与学校教育权利的保障,接纳家长参与学校内部管理。

第三,各学校要在结合本学实际情况的基础上,根据上级主管部门的规定,制订相应的家校合作计划,完善家校合作的相关监督、评价机制,从制度上鼓励、支持教师和家长的沟通与合作,提高教师和家长参与家校合作的积极性。

第四,扩大家长参与学校教育的范围。在学生培养计划方案的制定、课程编制、教育教学方法等方面给予家长一定的选择权,强化家长对学校课程的影响力。

当前,农村学校中的择校现象日趋严重,针对我国的实际,还要逐步废除儿童在入学时户口、家长职业、学区等方面的限制,允许家长为子女自主选择学校,以此将学校推向市场,促使学校在提高教学质量上下功夫、动脑筋。学校要想在激烈的竞争中生存、发展下去,就必然要千方百计地提高学生的整体素质,而要做到这一点也就必然要联合学生家长的力量,也就是要取得学生家长的配合,使家长"参与"到孩子的学校教育中来。在目前的情况下,应规范学校与学校之间"生源"的流动,取缔高额"借读费"和"赞助费",为学生家长直接参与其子女的学校教育创造一个良好的环境[1]。

(三)建立家校合作组织,构建新型家校合作模式

健全的家校合作组织体系是家校合作活动的重要载体,是保障家校合作活动组织严密,管理有序,明确责、权、利,统一协调教师(学校)和家长(家庭)关系的纽带。

第一,成立从全国、省、市到县、乡(镇)、村的家校合作机构,如家长委员会、家长教师委员会、家长教师学生联合委员会、家长学校等。结合我国当前正在进行的改革,可由妇联担当起家长委员会的领导职能,设立自上而下统一的组织体系,制定相应的组织章程,明确各级家长委员会的权力、工作职能,开展丰富多彩的家校合作活动。总之,各家长委员会要在家长和学校之间做好组织协调工作,组织家长帮助教师管理班级的活动,让家长走进学校参与学校某些事务的管理与决策,努力促成家长和学校之间的伙伴关系[2]。

① 杨敏.美国中小学家校合作的实践探析及启示[D].重庆:西南大学,2007.33.
② 刘翠兰.影响家校合作的因素分析与对策研究[J].当代教育科学,2006(20):15.

第二,建学生、教师、家长三方互动的家校合作模式。目前,我国使用最多的家校合作模式理论是香港大学学者何瑞珠教授界定的"以校为本"和"以家为本"两种模式①。在调查中,我们发现目前农村中小学校中家校合作主要采取的是"以校为本"的家校合作模式,即以学校为中心实施的能够满足家长需要的各项合作,主要方式是开家长会、家长访校、家访等。以家长会为例,学校一般每学期只召开一至两次家长会,主要介绍收费情况、班级成绩在学校的排名情况、学校发生的重大事故等,每次参加的家长人数也不多,家长只是作为听众,家长会的召开、次数以及会议内容也没有明确的规定,其作用没有得到真正的发挥。而"以家为本"的家校合作模式,即以家庭为中心,根据每个家庭的特性和需要制定不同的家校合作形式,在农村几乎没有,可见,我国目前的农村中小学家校合作并没有充分考虑家庭在成员构成、经济状况、家长职业、家长的教育素养、民族等方面的差异。事实上,"以校为本"和"以家为本"的模式在实践操作中各有优劣,那么,有没有一种能够发挥其优势,规避其劣势的新型家校合作模式呢? 在此,借用张瑜(2008)的三方互动关系模式进行说明。三方互动关系模式指由教师、家长、学生所形成的一种三位一体的教育联合体,三者之间相互作用、相互影响,强调学生在整个模式的运用过程中的主体参与性。该模型强调在活动之初对参与家校合作的教师、家长、学生的宣传,增进三方之间的理解,家校合作方式既包括家长访校、家长学校、家长会、家访、电话访谈、成立家校合作委员会等,也包括家长学校、社区家长与儿童发展中心、家长咨询委员会、家庭学习活动和各种主题活动等,旨在根据不同的学校、不同的家庭、不同的学生,充分利用好现有的家校合作形式,并在一阶段的家校合作活动结束时及时进行总结、评估,对参与家校合作的各方给予信息反馈,为下一阶段的工作做好准备。

四、建立民主的学校管理体系

学校管理的核心是对人的管理。而管人的关键在于管心,管心则要知心,知心则要关心,关心则要交心②。因此,学校管理的实践探索要关乎"情",晓于"理",重于"育",即建立具有人文精神、尊重教育规律、能够鼓舞教师的学校管理机制。

(一)转变管理方式,体现人文关怀

长期以来,我国学校组织多以科层式结构为主,是一种"物—人—物"的模式,把物的因素放在管理工作的首位,忽视了人的社会性和主体性,在管理上表现为强制、监控、约束、指

---

① 张瑜.我国基础教育阶段家校合作的问题及对策研究[D].上海:华东师范大学,2008.46.
② 胡东方著.学校管理新思维——成为智慧的学校管理者[M].天津:天津教育出版社,2006.154.

示、命令,通常以规章制度和行政命令来管理学校,不注重教职工和学生的主动性、自主性,在一定程度上束缚了人的个性和创造才能。新课程改革要求学校要建立学习型组织,转变学校组织职能。首先,组织结构要扁平化,而非层级严密的层级化;其次,组织学习化,淡化行政的色彩,实现全员学习,在学校全体人员中树立合作、团结、理解的理念;最后,管理自主化,树立以教师权力为主导的管理理念,让教师和管理者一样参与学校的管理,使学校管理效能最大化。

在学习型组织中,管理是"人—人—人"的关系,而非"物—人—物"的关系。管理者要熟悉、了解教职工的需求和特点,注重发挥教职工的积极性、主动性。在组织职能的变革中,管理者要重视教师在管理中的主体地位,采用科学方法了解社会与学校中各种因素对个体或群体行为的影响,充分调动积极性;加强组织内部的团结与合作,努力消除人与人之间的矛盾和冲突,为教职工排忧解难;善于研究和分析教师和学生的需要层次和结构,关注他们在思想、工作以及生活中的问题,尽可能地满足教师在物质和精神上的特殊需要,通过激发教师内在价值观和道德观来获取教师个体和学校的更大发展,使教师个人的积极性和创造力最大限度地发挥出来,在学校管理中有尊严、有价值地生活着。一是要帮助教师发展并维持一种充满协作精神和专业色彩的学校文化,二是要鼓励和促进教师的专业发展,三是要帮助教师们更有效地协同解决问题[①]。

(二)尊重教育规律,科学评价教师

学校是公共性组织,教师工作既重要,又辛苦,教师的劳动成果是无法以经济指标来衡量的,对教师工作要做科学的评价,关键是认识教师工作的特点。学校教育是教师依据社会发展和学生个体身心发展的规律,对学生进行有目的、有组织地施加影响的过程。教师工作具有工作对象的复杂性、工作过程的长期性、工作成果的集体性、工作价值的迟效性、工作绩效的创造性等特点。

(1)要树立正确的评价理念。对教师的评价要采用发展性的评价,注重评价过程,淡化评价结果的选拔筛选等功利性功能,强化评价的目标导向功能。正确看待评价结果的用途,即评价是对上一阶段工作"查缺补漏",是为了改进工作中的不足,为下一阶段的工作指明方向。

(2)要遵循科学的评价原则。第一,体现教师在评价中的主导地位原则。教师的发展是教师评价的出发点和归宿。因此,评价要突出以教师为主体的思想,在各类评价活动中,教师就是积极的参与者和合作者。第二,全面性原则。对教师的评价要注意教师的成长是一个过

---

① [美]威廉·G.坎宁安等.赵中建译.教育管理:基于问题的方法[M].南京:江苏教育出版社,2003.183.

程的特点,注重考察教师知识教学的深度、广度和精确度,教师创造性地培养学生的能力,对教师的教学技能、教学策略、工作态度、学生成就等方面进行全面的评价。第三,适当性原则。评价体系的设计要根据不同教师的不同背景和能力,针对不同目标设计不同的方案,同时评价的标准要细致、明了,具有可操作性。第四,定性评价与定量评价相结合的原则。如前所述,教师工作是一项复杂的劳动,在教师评价过程中,可以对评价数据、信息、评价结果等进行量化处理的,可以数据的形式反映评价结论,不能进行精确计量的要使用定性评价的方法,以便提高评价的科学性和真实性。

(3)对教师的评价要体现双向沟通的原则。评价的目的是为了促进教师的进一步发展,所以在评价的过程中,要重视领导与教师、教师与教师、教师与学生、校内与校外间的沟通,鼓励全体师生员工、学生家长以及校外有关人员积极参与教师评价工作,共同制订评价标准,赋予教师对他人给予的评价申诉的权利。

第七章 完善农村教师素质提升的制度体系

构建农村中小学教师素质提升的制度体系的核心是树立以农村中小学教师为本的理念,满足农村中小学教师的实际需要,其目的是通过理性化制度来规范教师的行为,鼓励教师提升素质,谋求管理的人性化与制度化的动态平衡,激发教师的工作积极性,提高学校组织的工作效率,完成社会赋予的任务[①],为农村基础教育做出应有的贡献。

一、优化完善农村中小学教师管理制度

(一)政府层面的教师管理制度

教师管理是教育管理的重要组成部分,是教育绩效的决定性因素。对制度的研究非常重要的延伸是在地方水平上探索管理机制[②]。基于研究的需要,本文中的教师管理制度主要包括教师的定编定岗制度、教师准入制度、教师考核制度和教师津贴分配制度,不包括教师的继续教育制度在内。本文认为,完善教师管理制度应结合湖南省实际,从以下几个方面着手:

1. 严格执行定编定岗制

湖南省人民政府要根据各学校班额、生源等调查情况,按照国家中小学教职工编制标准,制定具体实施办法,核批各县、市、区的农村中小学教职工编制;清退农村学校那些在编不在岗人员,按照新的生师比合理配备教师,严格执行"缺一补一"政策。2002 年,湖南省委、省政府根据国办发〔2002〕28 号《国务院办公厅关于完善农村义务教育管理体制的通知》和湘发〔2001〕16 号《中共湖南省委、湖南省人民政府关于基础教育改革与发展的决定》的精神,制订了《湖南省中小学机构编制管理实施办法》。各市、州、县人民政府要严格按照确保农村义务教育持续健康发展的要求,对农村中小学教育人员编制实行动态管理。根据教育事业发展规划、生源变化和学校布局调整等情况,县市区定期由教育行政部门提出中小学编制调整方案,编制部门会同财政部门核定,经市州审核后报省编制、教育、财政

---

① 刘正周著. 管理激励[M]. 上海财经大学出版社. 1998.10.
② 罗伯特·W·麦克米金著,武向荣译. 教育发展的激励理论[M]. 北京师范大学出版集团,2008.135.

部门,再共同报省人民政府核批①。该实施办法明确规定任何部门和单位不得以任何理由占用或变相占用农村中小学教职工编制。对占用学校编制而不在学校工作的人员,教育行政部门和学校不得为其支付工资,并责令其与学校脱离关系。

2. 严格教师准入制度

一是严把教师"入口关",坚持教师招录"凡进必考"原则。要求上岗新进教师都具有相应层次教师资格证书和相应学历条件,小学教师达到大专或大专以上学历。对不具备教师资格的人员要及时调离教师队伍。凡不具备相应教师资格的人员一律不得进入农村中小学任教,严禁把乡镇机构分流人员安排到农村中小学校。二是根据教师队伍年龄、学科结构情况,在编制限额和增人计划内,通过考试的形式公开招聘新教师,纠正有编不补、大量聘用临时代课教师的做法。三是在引进教师时要注重优化农村中小学教师的年龄、学历、性别、专业、职称等方面的结构,要多途径、多渠道解决农村中小学教师年龄、学历、性别、专业、职称等方面存在的结构不合理问题,积极选聘年纪轻、学历高的教师充实到农村中小学教师队伍中去,逐步改变教师结构不合理的状况;同时,充分发挥"三支一扶"到农村中小学服务人员的作用,给他们施展才华的舞台,为农村中小学教育作出积极贡献。

3. 政策向农村教师倾斜

政府和教育主管部门在政策的制订上要改变过分偏向城市的制度设计,逐步消除制度的二元状态,引导资源和要素流向农村,使农村获取较多的发展机会。在向农村教育倾注与输入教育资源的同时,还要在农村地区的教育理念提升及教育模式改进上下功夫。对农村教育发展而言,教育资源的倾斜与输入只是外因推力,农村地区的教育理念提升及教育模式改进才是内因动力②。因此,在师资素质提高问题、生源吸纳问题、学校运营模式、学校管理改革、教学质量提高、信息技术应用等方面,要促进农村教育的内涵式发展、城乡教育的互动一体式发展。力求提高农村中小学教师队伍整体素质,促进城乡义务教育公平协调发展。例如:在评优评先特别是教坛新秀、骨干教师等评选过程中,应向农村中小学尤其是偏远地区农村中小学教师倾斜。在制订农村边远地区教师岗位津贴政策、职称评审中也应向农村中小学教师倾斜,在业绩量化考核中,应根据在农村任教的年限多少给予适当专项加分。

4. 推动中小学教师到农村任教

加大城区学校对农村学校的支教力度,建立中小学教师到农村任教服务制度,确保"能进

① 湖南省人民政府办公厅.湖南省人民政府办公厅关于完善农村义务教育管理体制的通知[A].湘政办发[2002]25号.2002年5月29日.
② 田芬,刘江岳.对公共教育资源向农村倾斜政策的思考[J].宁波大学学报(教育科学版).2010(1):2.

能出,能上能下"。构建"理念共享、资源共享"的协作机制,建立优势互补的可持续发展的"城乡教育共同体"。比如采取定期交流,鼓励教师到农村学校任教,实施城乡之间、学校之间的教师轮岗制度,开展教育交流活动,分享学习资源、教育资源,促进城乡之间的交流互动,提升农村地区教育资源匮乏的局面,已解决城乡教育发展师资不均衡的现状。尤其在鼓励教师到偏远农村工作,要制定强有力的限制政策和激励对策。这样,才能确保教师愿意去偏远农村工作,也能留得住优秀的教师资源。

5. 加大农村教育舆论宣传力度

农村教育的发展说到底要促进农村教育的自主发展,要办人民满意的教育,关键就是要倾听来自农村基层民众的声音,站在农村地区、农村学校、农村教师、农村学生及家长的立场考虑问题。首先,进一步营造尊师重道的浓厚氛围,树立终身学习的教育理念,树立爱学习、爱知识的社会风气。其次,在教育资源还未达到极大丰富的时候,承认地区间的差异,但这绝不代表无视落后地区的发展。最后,让全社会了解农村教育特别是农村中小学教育的重要性,了解农村教育的现状,客观、正确地分析和对待农村教育中存在的问题,从而群策群力,为农村教育的发展和改革献计献策。

(二)学校层面的教师管理制度

学校制度构建与完善是实施依法治校、提高管理效能的前提。加上农村中小学教师的管理具有一定的特殊性,本书作者认为完善农村中小学教师管理制度的关键是以人为本,我们应当构建以鼓励与倡导为主的,以促进教师发展为根本目的教师管理机制。学校应该花时间修订、重建、完善制度或考核细则,规范各类规章制度。当然,辅之以制度的落实的考核评价则也属规范之列。例如:教师岗位目标考核细则、教职工考勤办法、教研组及教师教研成果奖励办法、学期奖考核办法等,这些集众人智慧、反复修改的学校制度通过教代会审议、通过,为新的发展奠定坚实的基础。学校在制定各种规章制度时主要应从以下方面来考虑的:

1. 管理制度要强调以人为本

第一,要了解教师。农村中小学教师的压力是非常大的,这种压力有来自自身的,来自家人的,来自学生和家长的,甚至来自社会的。因此,在制定学校管理制度时一定要考虑到教师需求,了解教师的个性、能力水平,特别是了解教师的内心需求。只有在了解教师的基础上,所制定的学校制度,才是切实可行,才能最大限度地发挥教师的主动性和积极性,只有这样,教师才能够积极愉快地、全身心地投入教育教学中去。如农村的小学教师有些本身家在农村,工作之余,可能还要承担农活、家务等,学校可以对这些特殊情况的教师实行弹性考核评价,给他们处理烦琐事务的相对自由,如此带来的效果是享受这一"照顾"的教师不但不会耽误工作,反而会以感恩的心情和更饱满的热情投入到工作中。

第二,要尊重教师。在制定学校管理制度的时候,既要做到规范化科学化,同时要做到尊重教师,制度的制定要做到人性化,要充满人文关怀。学校管理制度建立与完善,一定要弹性,不要图形式,要理解教师劳动的特殊性与创造性,要理解农村中小学教师自身的尴尬处境,给予他们更多的理解和关注。

第三,要发展教师。要树立管理即服务的观点,要把学校的管理构建成教师发展的平台。教师是学校要发展的主体,不要把他们视为仅仅完成学校任务的工具。要使教师们有主人翁意识,归属感、集体荣誉感,多发掘他们的潜能,多给一些人文关怀,这样就能更好地体现出学校管理制度的人性化。

2. 要构建全新的评价体系

教师评价是课程评价的重要组成部分。由于教师评价与教师的专业发展、职称职务晋升、经济收入等切身利益有着密切的关系,教师评价的公正与否,很大程度上影响着教师的工作热情和工作态度。在新的课程改革中,教师能否积极参与课程改革是影响课程改革能否取得成效和取得多大成效的重要因素。新的课程改革要获得成功,评价制度的改革特别是教师评价制度的改革是关键。

第一,在考评内容和标准的制定上,要体现新课程的精神,要反映教师创造性劳动的性质,要符合课程改革对教师角色转换要求以及教学改革的方向。不能像传统的评价体系那样,只是看教师的教学成绩,看学生考试的分数,而是要看教师的教学研究、教改实验、创造性教学和校本课程的开发以及师生关系等。

第二,在考评的组织实施上,要杜绝一切形式主义,努力使考评过程成为引导教师学会反思、学会自我总结的过程,从而进一步提高认识、更新观念。与外在的评价相比,教师最了解自己,最清楚自己的工作背景和工作对象,最知道自己在工作中的优势此和困难。因此,对教师的评价必须充分发挥教师作用,引导教师分析现象的原因,提高教师自我反思和总结的能力。

第三,重视教师个体差异。由于教师在人格、职业素养、教育教学风格、师生交往类型和工作背景等方面都存在巨大的差异,因此使教育教学变得丰富多彩。发展性教师评价主张,评价不但不能泯灭和消除这些客观存在的差异,而且应当尊重教师的个体差异,并根据这种个体差异确立个性化的评价标准、评价重点及相应的评价方法,明确地有针对性地提出每位教师改进的建议和专业发展目标。发挥教师的特长,更好地促进教师的专业发展和主动创新。

作为管理者需要时刻思考：在发挥学校制度最大作用的过程中如何调动广大教职工自觉遵守各类规章制度的积极性，如何把教职工的注意力引导到以主人翁的姿态为学校建设添砖加瓦上，如何让每位教职工实现高度的文化自觉？作为一个冷静的管理者，千万不能有"制定了各类规章制度就是万事大吉"的思想，恰恰要有"这只是万里长征迈出的第一步"的思想准备，更要有"如何让制度真正内化"的不懈思考与实践。

二、构建比较完善的经费保障机制

（一）明确农村义务教育在整个教育体系中的重要地位

农村基础教育曾在一段相当长的时间内是我国教育领域发展中的"瓶颈"，发展步伐缓慢甚至滞后，教师队伍参差不齐，财政拨款相对不足，教育经费严重短缺。为了改变这样的局面，相关部门必须确立农村基础教育财政拨款在公共财政中的优先地位。对各类教育资源的配置，也应确立基础教育的优先地位。因此，在今后相当长的一个时期，都必须将农村基础教育的发展摆在国家财政分配的很重要位置上，要通过各种渠道来增加农村基础教育的投入比例。

（二）强化财政对农村基础教育的投入

湖南省颁发了《湖南省人民政府关于深化农村义务教育经费保障机制改革的通知》，保障机制明确了提高中小学公用经费保障水平；建立农村中小学校校舍维修改造长效机制；巩固和完善农村义务教育老师工资保障机制。但是，也要看到，城区学校必备的图书室、运动室、多媒体教学室、微机室、科技馆、舞蹈室，以及各种体育设施，在农村学校很难看到，甚至没有。在本书作者所调研的学校中，某小学的条件非常艰苦，教师的住房与教室紧挨着，都是瓦房，下雨的时候外面下大雨里面下小雨。学校内只有一小块空地，没有其他任何活动场所，而且交通闭塞，几乎都是山路，很少有交通工具经过，他们迫切要求县级以上人民政府高度重视边远地方的学校环境，能够提供一间符合基本要求的校舍，能开拓一块学生和老师共同锻炼的操场，能让老师和孩子们坐上信息高速列车了解外面的世界。当前，偏远地区的学校教师普遍认为教师住宿条件太艰苦，缺乏娱乐休闲设施而感觉生活枯燥，枯燥的生活导致一部分教师丧失继续留在农村地区的信心，也有一部分人从此消磨了工作的积极性和生活的激情。

因此，政府及主管部门应该打破现在这种经费拨付方式，加大对农村地区的教育投入。

农村基础教育对财政的依赖性很强,为了切实改变农村基础教育的弱势地位,目前最紧要的任务就是提高财政对教育的整体投入力度。一方面,国家和省级财政对农村教育的投入比重要进一步提高,必须确保在现有预算口径中的教育支出实现稳定增长,各级政府要不断加大对教育事业的投入力度。要依据教育经费的"三个增长",即"各级政府教育财政拨款的增长应高于财政经常性收入的增长,并使按在校学生人数平均的教育费用逐步增长,保证教师工资和学生平均公用经费逐步增长"[①]的标准安排教育支出。另一方面,坚持基础教育经费主要由政府承担,非基础教育办学经费主要由政府、社会和受教育者三者共同分担的原则,适当调整公共教育经费在整个国民教育体系中所占的比重,使国家资源用于基础教育特别是义务教育的比例得到实质性的提高。目前,我国高等教育市场化程度不断提高,高等教育已然不能继续占有过多的财政性教育经费。对于非义务教育,同样可以引入市场机制,适当缩小财政性教育经费的供给范围,以此减轻政府的财政压力。应当出台义务教育学校的配套设施标准,改善农村学校的工作环境和生活环境,尽快在各农村学校配备图书室、多媒体教学室、微机室以及各种必需的体育设施,让每一所学校能在硬件上称得上标准学校。这样做的目的是让越来越多的农村教师愿意继续为农村教育事业奉献,让更多优秀的教师愿意流向农村学校,从而不要因为农村艰苦的教学环境和生活条件使得许多教师东南飞、城市飞,保证农村孩子素质方面受教育的权利,促进城乡教育的均衡发展。

(三)构建财政转移支付制度,缩小地区间基础教育差距

湖南省为农业大省,与经济状况较好省份比较,客观上还需要国家财政给予支持。现阶段我国中央对地方的专项教育财政转移支付主要包括"贫困地区义务教育工程"专款和"义务教育危房改造工程"专款等,这些专款仅占我国基础教育总支出的1%左右,相较于日本中央政府对地方义务教育的财政补助占到该国义务教育总支出的50%左右而言,我国财政对教育的财政转移支付还需提升。综上可知,无论是从国外教育经验来考虑,还是从我国目前的实际情况来考虑,建立和实施规范的教育财政转移支付制度都应该是解决当前我国农村基础教育地区发展失衡问题的一个有效手段。基于公平和效率的考虑,中央和地区级政府通过教育财政转移支付,为地方政府负责的义务教育提供财政补助,弥补地方财政收入不足,平衡地方财政能力,使地方义务教育达到中央规定的公共服务水平,也有利于缓解城乡之间、发达地区与贫困地区教育发展的不均衡状况。

---

① 1995 年颁布的《中华人民共和国教育法》第 55 条.

(四)完善农村教师社会保障制度

1.建立政府支持体系

农村中小学教师待遇的提高程度,从根本上是取决于政府的决策和行为。在这方面我国政府有必要学习日本政府,将良好的义务教育视为立国之本和经济腾飞的"助推器",树立全新的教育理念,充分认识到农村义务教育对于经济发展和社会稳定的重要作用,从而在制定各项教育政策和制度时,对农村中小学教师的待遇给予足够的重视,以政府行为来保证农村中小学教师待遇的巩固和提高。另外,政府在增加农村教育经费投入的同时,还要根据社会经济发展情况适时调整农村教师工资标准,给予农村中小学教师应有的社会经济地位。如逐步统一城乡学校工资和福利发放标准,在同类学校同级别教师收入上逐步实现城乡"零差距",给予农村教师优惠政策,以改善农村教师的生存窘境。例如:向农村教师发放消费补贴,购房建房补贴,通讯交通补贴,教育集团内通话免费,免费网上图书馆,定期免费体检等。完善农村教师的基本养老保险、医疗保险、失业保险和住房公积金等社会保障制度。

2.建立维权法规系统

政府为提高农村中小学教师的待遇出台了一些政策,并提出了一些相应的措施,然而从实际执行情况来看,许多政策措施只是以文件形式下发而已,对地方官员不具有普遍的约束力,政策和规定到了地方基层得不到有效的落实,导致教育经费被挪用、教师工资被拖欠等现象。因此,只有建立合理、规范的维权法规系统,把农村中小学教师应该享有的合法权益,如住房、工资、休假以及其他各种相应的福利待遇等,用明确的法律法规形式体现清楚,同时再建立合理的监督机制,才能保障农村中小学教师待遇的提高不变成摇摆不定的短期或暂时性的行为,才能确保农村中小学教师在其合法权益受到侵犯时有维护自身权益的有力武器。

三、建立农村中小学教师发展机制,提升农村教师的发展动力

追求安逸的生活和享乐是人类的本性,甚至包括那些成功动机很强的人,教师也是如此。如果完全没有监控,人们就会倾向于不努力工作,如果他们服从于某种形式的监督或者问责,就能提高教师教育的绩效。因此,建立奖惩分明的激励机制也能有效促进教师提升自身素质。在制定奖惩的标准时要考虑奖惩措施的有效性,家长的态度,衡量学校是否成功的各种指标等,还要保证问责渠道的透明性。

为鼓励和约束农村中小学教师积极、主动参加各级各类培训,有必要完善农村中小学教师继续教育成绩考核登记制度与年终考核、评优评模、职称续聘紧密结合的管理制度,有效地制定符合教师继续教育特点的评估体系。建立教师业务学习的各项档案,加强平时督查和年终考核。把平时检查中发现的一些好做法和一些新问题及时以书面的形式在一定范围内进行通报。这样既加强了教师培训的过程管理,也达到了教师培训的目的,从而确保农村中小学教师专业水平持续健康的发展。

提升农村教师发展动力的主要框架有:一是改革对教师的职称评聘制度,破除"一次评定,终身受用"的观念,创设公平、公正、公开的竞争环境,择优聘任,明确学校和教师双方的责、权、利。二是建立公正的职务晋升制度,以岗定人,在晋升考察的过程中,不将教师的性别、家庭出身、社会关系等作为考察的重点,着重考虑教师的资历、教学经验,以及教师的组织、管理与协调能力,实施教师和管理者能上能下的动态管理机制。三是树立信息管理理念,进行信息化管理。贯彻信息管理理念要求参与学校管理的管理者具备各种知识技能与合作精神,需要管理者及时获得正确决策所必需的信息。因此,保证学校内部信息沟通畅通,关注教师心声,及时通报校内外的教育动态,建立信息互动和反馈的共享机制能够有效地提升管理者的执行力,有利于提高教师的士气。四是在福利、待遇、奖励、进修机会分配等方面,要对教师的工作付出的诸多因素进行科学权重,兼顾效率和效益的统一。例如:对精备精讲精练,紧扣新课改要求,在教学大纲、课程计划规定的时间内按时或超额完成教学任务,注重学生创新能力培养,使学生获得身心全面发展的教师要予以奖酬倾斜。

对农村教师高度关注的两个方面,本书作者建议:要针对农村教师,完善职位晋升优先机制。在企业中,职位晋升的目的,是为了提升员工的个人素质和能力,充分调动全体员工的主动性和积极性,并营造公平、公正、公开的竞争机制。同样,在教师这个队伍中也需要这样的竞争激励。教师在担任任课教师外,还可以担任学校的其他职务,参与学校的管理,这样教师会有归属感和安全感,无论是在教育教学方面,还是学校管理,教师更能发挥主人翁的责任感和爱护精神。既然为了实现教育的公平性,作为教育行政部门不能因为是重点学校的校长就不实行交流或轮岗,首先作为教育部门要打破重点与一般学校的差别概念,按照任职年限,到期实行交流,并且要实现农村到县城,县城到农村之间的跨区域的交流。所以,在上级教育主管部门提拔干部时,对于发达地区教师晋升职位如果有农村教学经历的应该优先录用。如果都有农村教学经历的应根据地域确定,越偏远的农村应该越优先,在农村任教时间越长的越优先。

另一方面,要针对农村教师,完善职称评定加分机制。教师职称是教师在职业道德、教学水平、专业知识等方面的综合评价,是对教师多年来教育教学成果的尊重和肯定。参与流动的教师其奉献精神本身就值得嘉奖,体现其高尚的品德和对教育事业的责任心,而教师的职称评定本身就包含思想品德方面的评价,所以在职称评定方面,参与流动到农村偏远地区的教师应该量化加分具体加分比例,根据访谈结果一致认为农村从教经历越长分值越高,离县城距离越远的学校教学分值也越高,根据访谈的结果特制订一个基本的加分标准。如表7-1:

表7-1　流动教师职位晋升加分参考表

从主城区流动到该区域	主城区	城郊区	中间区	边远区
加分值	0	5	8	12

对于没有在农村义务教育学校教书经历的教师在职称评审时采取一票否决制,并且规定农村学校工作的最低年限。为了实现职称评审的公平、公正、公开的原则,建议有职称评审权的教育行政部门下放权力,让学校根据实际情况推选出能够晋升高一级职称的优秀教师,这样更能体现群众和社会的监督。教师参与高级职称评定以后教育行政部门可以规定在农村义务教育学校的最低服务年限,根据有关交流的原则建议3年比较合适。这样不仅激励发达地区教师参与流动到农村偏于地区,而且也稳定农村教师队伍。

结　语

国运兴衰,系于教育。中国未来的发展、中华民族的伟大复兴,关键靠人才,基础在教育。振兴民族的希望在教育,振兴教育的希望在教师。有好的教师,才有好的教育。教师培训是推进国民素质教育,促进国民教育公平,提高国民教育质量的重要保证,是提升教师队伍整体素质的重要环节。

中国有句俗语:十年树木,百年树人。揭示了教育的根本价值,就是给国家提供具有崇高信仰、道德高尚、诚实守法、技艺精湛、博学多才、多专多能的人才,为国、为家、为社会创造科学知识和物质财富,推动经济增长,推动民族兴旺,推动世界和平和人类发展。国家经常强调:"教育大计,教师为本"。可见,有好的教师才可能有好的教育,教师是我们国家人才队伍的一个重要组成部分。教育改革本身就是一项综合性工程,提升教师素质则是这项工程中任重远的一部分。中小学教师占据了教师队伍的一大部分,这是一个很容易被忽视的群体,我们总是习惯于关注高等教育和后天科技发展,殊不知,中小学教育质量在某个层面上就影响着未来国民的素质甚至整个国家的前途。中小学教师的素质应该说直接决定了中小学教育质量,所以提升中小学教师的素质就成了当务之急。

农村是一片广阔的天地,农村教育在国民教育体系中占据重要的地位,农村中小学教育尤其是农村中小学教师素质的提升更需要社会的关注,需要相关部门的重视。目前,从本书作者所调查的 A 县来看,农村中小学义务阶段教师存在着农村中小学教师整体素质偏低,结构不够合理;农村中小学教师编制标准不够科学;教师教育培训机制不够完善;农村中小学教师地位不高,尊师重教氛围不浓等问题,这些问题严重阻碍了农村中小学教师素质的提升。而要改变目前这样尴尬的现状,需要我们各级政府能够为农村中小学教师素质的提升给予政策和制度的保障,提高制度的执行力和监管力度;能够进一步创新教师教育,不断深化教师培养模式;能够加大财政投入力度,为教师的培训培养提供经济保障等。我们应该看到农村中小学教育的特殊性和农村中小学教师素质提升的重要性,争取从各个层面来保障这项工作能得以持续展开,引导和促进教师自主成长,相信在不久的将来,农村中小学教育将有面目一新的改观,农村中小学教师自身的素质将有焕然一新的改善。

本书作者认为对提升农村中小学教师素质提升的制度研究极具现实意义。要真正解决"三农"问题,就必须发展农村经济,农村经济的发展靠农民的素质,农民素质的提高靠农村教育,农村教育的提升靠广大农村教师,因此,只要全社会都来关注农村,支持农村教育,关心农村中小学教师的工作和生活,我国农村基础教育就能真正得到发展,全面实施素质教育就能真正落到实处,广大农村贫困地区的经济就能真正得到发展。

本书作者也希望能借此机会,为农村中小学教师素质提升的制度研究提供一点捉襟见肘的思考和建议。可由于学识和能力有限,本书尚存在许多不足之处,对存在的问题分析还不够全面深入,有些问题还需要进一步推敲和商榷,谨希望本书能够给广大教师教育工作者一些参考,敬请各位专家学者批评指正。

参 考 文 献

一、著作类

1. [美]威廉・G.坎宁安等著.赵中建译.教育管理:基于问题的方法[M].南京:江苏教育出版社,2003:183.

2. [法]皮埃尔・布迪厄,[美]华康德著.李猛,李康译.实践与反思—反思社会学导引[M].北京:中央编译出版社,1998:133 - 143.

3. [美]理查德・达夫特,多萝西・马西克著.高增安、马永红等译.管理学原理[M].机械工业出版社.2005:72 - 73.

4. [美]唐・黑尔里格尔,苏珊杰克逊,小约翰・W・斯洛克姆著.张燕,刘小涛等译.管理学—能力培养取向[M].中信出版社,2005:186.

5. 湖南省统计局.湖南统计年鉴2007[M].北京:中国统计出版社,2006:26 - 32.

6. 钟志贤.深呼吸:素质教育进行时[M].教育科学出版社,2003:402.

7. 张大均,江琦.教师心理素质与专业发展[M].北京:人民教育出版社,2005:40.

8. 朱小蔓.教育的问题与挑战——思想的回应[M].南京:南京师范大学出版社,2006:355.

9. 何齐宗.教育的新时代——终身教育的理论与实践[M].北京:人民出版社,2008:74.

10. 甄晓兰.课程理论与实务——解构与重建[M].台北:高等教育文化事业有限公司,2004:23.

11. 王传金.教师幸福论[M].山东人民出版社,2009:183 - 185.

12. 叶澜等.教师角色与教师发展新探[M].教育科学出版社,2001:222 - 226.

13. 国家教育发展研究中心编著.2008年中国教育绿皮书——中国教育政策年度分析报告[M].北京:教育科学出版社,2008:135 - 136.

14. 操太圣,卢乃桂.伙伴协作与教师赋权——教师专业发展新视角[M].北京:教育科学出版社,2007:50 - 65.

15. 教育部师范教育司组织编写.教师专业化的理论与实践[M].北京:人民教育出版社,2003:67.

16. 胡东方.学校管理新思维——成为智慧的学校管理者[M].天津:天津教育出版社,2006.

17. 陈永明.教师教育研究[M]上海:华东师范大学出版社,2003.

18. 方明.陶行知教育名篇[M].北京:教育科学出版社,2005.

19. 顾明远 檀传宝主编.2004:中国教育发展报告[M].北京师范大学出版社,2004.

20. 黄葳.教师教育体制:国际比较研究[M].广州:广东高等教育出版社,2001.

21. 胡艳,蔡永红编著. 发达国家中小学教师教育[M].海口:海南出版社,2000.

22. 罗正华. 教师教育[M].长春:吉林教育出版社,1998.

23. 刘正周著. 管理激励[M].上海财经大学出版社,1998.

24. 宋广文. 教师教育发展研究[M].济南:山东人民出版社,2004.

25. 商继宗. 中小学比较教育学[M].北京:人民教育出版社,2002.

26. 吴卫东. 教师专业化发展与培训[M].浙江:浙江大学出版社,2005.

27. 徐辉主编. 教师教育研究与评论[M].浙江:浙江大学出版社,2006.

28. 郑日昌. 大学生心理卫生[M].山东:山东教育出版社,1999:53.

29. 戴维·丰塔纳. 驾驭压力[M].上海:三联书店,1996:49.

30. 章志光主编. 心理学[M].北京:人民教育出版社,2002.71.

31. 刘维良. 教师心理卫生[M].北京:知识产权出版社,2001:115－116.

32. 李虹编著. 教师工作压力管理[M].北京:中国轻工业出版社,2008.56.

33. 王以仁,陈芳玲,林本乔著. 教师心理卫生[M].北京:中国轻工业出版社,1999.72.

34. 姚立新. 教师压力管理[M].杭州:浙江大学出版社,2005.39.

35. 苏东水. 管理心理学(第四版)[M].复旦大学出版社,2002.

36. 刘熙瑞. 现代管理学[M].北京:高等教育出版社,2007.

二、论文类

1. 刘翠兰. 影响家校合作的因素分析与对策研究[J].当代教育科学,2006(20).

2. 何云景,李志勤. 从利益相关者理论的视角分析高校收费行为的规范化问题[J].教育理论与实践,2006(6).

3. 韩延伦. 对当前中小学教师继续教育课程设置问题的思考及建议[J].继续教育研究,2006(6).

4. 湖南省大力加强农村教师队伍建设[J].中国教师,2009(2).(摘自 2008 年 11 月 18 日《中小学教师队伍建设工作简报》,总第 4 期)

5. 余宗杰. 教师素质构成——基于文献综述的探究设想[J].江苏教育研究(理论版),2008(7).

6. 贾生华,陈宏辉. 利益相关者的界定方法述评[J].外国经济与管理,2002(5).

7. 刘生全. 论教育场域[J].北京大学教育评论,2006(1).

8. 叶飞. 场域压迫与教师的职业倦怠[J].师资培训研究,2006(1).

9. 张静,魏宏聚. 论布迪厄实践逻辑理论对教师专业发展的启示[J].继续教育研究,2009(3).

10. 杨钦芬. 教学即倾听——意蕴与可能[J].教育理论与实践,2008(12).

11. 刘瑞东. 倾听:教师的一种重要能力[J].中国教育学刊,2007(7).

12. 楚江亭. 中小学教师参与学校管理研究[J].中国教育学刊,2009(8).

13. 陈黎明,田刚.从源头输送农村教师——免费定向培养客观上提高了农村教师队伍素质[J].瞭望,2007 (7).

14. 冯化友.优化农村村小教师素质推动农村继续教育发展[J],四川教育学院报,2002(2).

15. 顾国荣,刘银珍.湖南小学教师数量问题分析与预测[J].湖南第一师范学报,2008(2).

16. 黄幼岩,吴言明.新时期我国小学教师培养模式探讨[J].现代教育科学,2006(2).

17. 贾维青.加强农村中小学教师队伍建设的几点思考[J].江西教育科研,2006(6).

18. 李建强.加强农村教师队伍建设的思考[J].教育管理,2005(1).

19. 李祥云.义务教育财政转移支付制度:日本与美国模式[J].教育与经济,2004(2).

20. 刘铁芳.乡村教育的问题与出路[J].读书,2001(12).

21. 罗华.关于农村中小学教师队伍建设中的思考[J].江西教育,2007(7).

22. 石华富.提高认识,加强"特岗计划"的实施[J].大学生就业,2006(16).

23. 史静寰,延建林.聚焦农村中小学教师,关注农村基础教育的可持续发展[J].中小学教育,2006(4).

24. 唐亚豪.农村教师队伍建设中的问题与对策思考[J].学术论坛,2005(3).

25. 田芬,刘江岳.对公共教育资源向农村倾斜政策的思考[J].宁波大学学报(教育科学版),2010(1):2.

26. 王乃信.加强农村教师队伍建设的几点思考[J].当代教育科学,2005(21).

27. 肖成全,熊维平.农村教师继续教育培训模式研究与实践[J],北京教育学院报,2000(3).

28. 颜永成.农村教师队伍建设的现状及对策[J].湖北教育,2005(11).

29. 袁建华.要警惕我国农村中小学教师素质提升的几个误区[J].现代教育,2007(4).

30. 张琳.农村中小学教师队伍建设问题归因分析[J].天津市教科院学报,2006(4).

31. 周浩波.实施整体素质提高工程,提高农村中小学教师队伍素质[J].中小学校长培训,2005(6).

32. 廖湘生,李再湘.构建以县为主的教师培训网络——农村中小学教师培训学校研究.当代教育理论与实践,2012 年第 01 期.

33. 李再湘.湖南省县级教师培训学校现状调查报告[J].教师,2010.8.

34. 王谷贤,黄胜华.对新课程改革背景下县级教师培训学校建设的思考[J].《教师》2012 年第 13 期.

35. 刘美扬,颜亚华,肖志泉.县级教师培训学校现状及其发展对策_以湖南省为例[J].当代教育论坛,2011 年第 12 期(教学研究).

36. 李健普.新课程背景下县级教师培训学校建设现状分析及对策研究[J].教育教学论坛,2011 年 03 期.

37. 陈顺理.探索县域教师培训新模式[J].中国教育学刊,2010.07.

38. 姜艳秋.教师进修学校如何可持续发展[J].科教纵横,2010 年第 8 期.

39. 常守柱,李刚.农村基础教育师资培训存在的问题与对策[J].宿州教育学院学报.2010 年 4 月第 13 卷第 2 期.

40. 王艳玲.农村教师培训的问题与对策[J].长春教育学院学报,2010 年 4 月第 26 卷第 2 期.

41. 刘苍义.浅谈县级教师进修学校发展现状[J].才智,2009(25).

42. 廖智龙.对层教师培训学校的现实思考[J].教师专业发展,2009 年 2 月总第 142 期.

43. 曹惠容,曹宇.发达国家在职教师继续教育经费投入与使用的特点及其启示[J].继续教育研究,2009 年第 9 期.

44. 陈光春.县级教师培训学校面临的主要问题与对策[J].湖南教育学院学报,2007 年第 9 期.

45. 金李胜.县级教师进修学校职能转变与拓展的思考[J].中小学教师培训,2007.(05).

46. 赵丽君.切实发挥县级教师培训学校作用的实践探索[J].教育,2007.6.

47. 刘明远.县级教师培训学校的现状、问题与政策建议[J].调查研究,2007.7.

48. 顾松麒.新时期县级教师培训学校建设与发展的若干思考[J].当代教育论坛(学科教育研究),2007(11).

49. 周建高.资源整合,县级教师进修学校发展的最佳选择[J].江苏教育,2006,(23).

50. 张绪腾,吴鼎猷,廖一凡.实现资源整合 注重内涵建设——对加强我省县级教师培训学校建设的思考[J].贵州教育,2006,(14).

51. 周建高.县级教师进修学校存在的问题与思考[J].中小学教师培训,2006,(11).

52. 李每强.当前我国中小学教师培训的问题与策略思考[J].教师专业发展论坛,2006.3.

53. 王祖琴.县级教师培训学校建设的方向定位[J].湖北教育(政务宣传),2004 年 12 期.

54. 吴文姝.市(地)级培训学校建设的思考[J].中国成人教育,2003,(09).

55. 姜元利.加强县级教师进修学校建设.完善教师教育体系[J].山东教育学院学报 2002,(05).

56. 教育部关于进一步加强县级教师培训学校建设的指导意见[J].基础教育外语教学研究,2002,(06).

57. 施小平.国外教师继续教育模式探析及启示[J].广州师院学报,2000,(07).

58. 吴廷库,张铦.浅谈县级教师进修学校的发展[J].中小学教师培训,2000,(02).

59. 赵福庄.加强县级教师进修学校师资队伍建设的措施[J].中国成人教育,2000,(09).

60. 黄都凭.教师进修学校应如何适应中小学教师继续教育的挑战[J].广西教育学院学报,1999,(05).

61. 程英芬.县域教师流动现状、问题及对策—以 A 县为例[J].成功(教育).2011,(9):3.

62. 范莉莉.中小学教师流失的管理分析[J].教学与管理.2006,(11):16 - 18.

63. 韩淑萍.我国教育均衡背景下教师流动问题的研究[J].教育导刊.2009,(1):11 - 15.

64. 顾明远.教育均衡发展是教育平等的问题,是人权问题[J].人民教育.2002,(4):14 - 15.

65. 高如锋.法国义务教育教师工资制度研究[J].河北师范大学学报.1999,(7):101 - 106.

66. 李伯玲.城乡教师的收入差距与流动问题探究[J].中小学教师培训.2007,(3):60 - 61.

67. 李艳姿.我国义务教育教师流动政策解读[J].教师.2013,(3):99 - 101.

68. 麻跃辉.对当前中小学骨干教师流动的几点思考[J].当代教育科学.2007,(12):7 - 8.

69. 彭新实.日本教师定期流动[J].中国教师.2003,(6):51 - 52.

70. 屈一平. 教育均衡期待"教师流动"组合拳[J]. 瞭望. 2013, (16):7.

71. 田芬, 刘江岳. 公共教育资源向农村倾斜政策研究 – 以江苏省为例[J]. 中国教育学刊, 2009(10):5 – 7.

72. 张雷, 李华臣. 城乡义务教育教师流动模式探析—以山东省部门市地为例[J]. 当代教育科学. 2011, (7): 33 – 34.

73. 张拴云. 农村中小学教师流动成因及对策分析[J]. 教学与管理. 2005, (7):9 – 10.

74. 张馨芳. 透视经济欠发达地区农村中小学教师流失[J]. 新课标研究(教师教育). 2008, (5):137 – 139.

75. 汪丞. 中小学教师流动的问题与对策. 湖北教育学院学报[J]. 2006, (11):95.

76. 邵学伦. 关于中小学教师流动问题的思索[J]. 山东教育科研. 2002, (8):13 – 14.

77. 王怀宇, 张静. 看国外怎样谋划义务教育阶段教育平等[J]. 中国教育学报. 2006, (4):42 – 44.

78. 王龙. 美、德、日三国大学教师流动制度的比较研究[J]. 高校教育管理, 2013, (4):77 – 82.

79. 卫倩平. 农村中青年教师流动问题研究[J]. 中国成人教育. 2011, (1):57 – 59.

80. 袁文娟. 教师流动原因与对策分析[J]. 齐齐哈尔师范高等专科学校学报. 2009, (2):19 – 21.

81. 于兰兰, 吴志华. 农村义务教育阶段教师流失的现状调查与原因分析 – 基于辽宁省两县的调查[J]. 教育测量与评价(理论版). 2011, (6):23 – 24.

82. 朱雪峰, 滕晓. 西北欠发达地区县域内城乡教师流动机制的构建 – 以甘肃省 Y 县为例[J]. 西北师大学报(社会科学版), 2013, (1):80 – 85.

83. 徐长江. 中学教师职业紧张状况及其原因的调查研究[J]. 浙江师范大学学报(社科版), 1998

84. 朱从书, 申继亮, 刘加霞. 中小学教师职业压力源研究[J]. 现代中小学教育, 2002

85. 邵光华, 顾伶沉. 关于我国青年教师压力情况的初步研究[J]. 教育研究, 2002

86. 吕雅英. 教师压力的内隐观及应对方式的初步探讨[J]. 中国心理卫生杂志, 2004

87. 陈德云. 教师压力分析及解决策略[J]. 外国教育研究, 2002

88. 王慧敏. 厦门城郊小学教师心理压力现状调查及对策[J]、厦门教育学院报, 2003

89. 潘欣, 权正良, 钱玉燕. 大学教师职业压力与心理健康关系的研究[J]. 中国健康教育, 2003

90. 罗晓杰. 缓解教师职业压力关注教师身心健康[J]. 中国教育学刊, 2003

91. 陈英敏. 教师职业枯竭及压力缓解[J]. 教师教育, 2005

92. 徐富明等. 教师职压力与应对策略研究[J]. 中小学管理, 2002

93. 张勇. 中小学教师工作压力管理策略[J]. 现代中小学教育, 2002

94. 林小群. 中小学体育教师职业压力源结构模型的研究[J]. 北京师范大学硕士学位论文集, 2004

95. 邱乌兰吉亚. 呼和浩特市中学教师流动论述[D]. 呼和浩特:内蒙古师范大学, 2005.

96. 元勋. 江西省乐安县义务教育流动的调查研究[D]. 南昌:江西师范大学, 2010.

97. 蔡松柏. 湖南边远农村中学教师管理研究[D]. 湖南师范大学. 2003.

98. 宋辅英. 县域内义务教育阶段教师合理流动机制研究 [D]. 山西师范大学. 2010.

99. 胡锋.教育均衡发展背景下义务教育教师流动实证研究[D].湖南师范大学.2011.

100. 刘敏.新化县农村教师流动状况的调查与思考[D].中南大学.2007.

101. 李腾云.娄底市农村义务教育教师流动状况调查及对策研究[D].国防科技大学.2006.

102. 汪丞.基础教育均衡发展视角下的中日中小学教师流动比较研究[D].2006.

103. 张丽娜.校本课程开发中教育利益相关者影响力的个案研究[D].华东师范大学,2006.

104. 李峻.我国高考政策变迁研究——基于"利益相关者理论"的分析[D].华中科技大学,2009.

105. 杨敏.美国中小学家校合作的实践探析及启示[D].重庆:西南大学,2007.

106. 张瑜.我国基础教育阶段家校合作的问题及对策研究[D].上海:华东师范大学,2008.

107. 曹亚华.专业化进程中县级教师进修学校的问题与对策[D].南京师范大学,2007

108. 成轶.我国农村教师队伍建设的政策分析与建议[D].华中师范大学.2008.

109. 谌学英.谈中学教师激励机制的建构——从中学教师工作满意度视角[D].湖南师范大学,2006.

三、工具书、电子文献及其他类

1. 顾明远主编.教育大辞典(卷2)[Z].上海教育科学出版社,1990.

2. 若真、庶毅主编:《最新中小学教师政策法规问答》[Z],新华出版社,2003.

3. 彭卫忠.高中教师工作负担问题的调查[A].李剑萍.校长领导与学校效能的实证研究[C].济南:山东人民出版社,2005.

4. 王建磐.中国教师教育:现状、问题与趋势[A].周南照等主编.教师教育改革与教师专业发展:国际视野与本土发展[C].上海:华东师范大学出版社,2007.

5. 国家中长期教育改革和发展规划纲要(2010 - 2020年) 新华社2010年07月29日.

6. 《教育部办公厅关于开展示范性县级教师培训学校评估认定工作的通知?》(新教师办〔2012〕1号).

7. 《教育部关于大力加强中小学教师培训工作的意见》(教师〔2011〕1号).

8. 《教育部 财政部关于实施"中小学教师国家级培训计划"的通知》(教师〔2010〕4号).

9. 叶剑,金文斌.以市场为导向 加速培训学校的开拓与发展——温州市场变化引出的思考[A].科学发展观与成人教育创新——2004年中国成人教育协会年会论文集(Ⅰ)[C],2004年.

10. 湖南省教育厅.《关于加强湖南省中小学(幼儿园)教师教育体系建设的意见》的通知[A].2008年8月13日.

11. 湖南省人民政府办公厅.湖南省人民政府办公厅.关于完善农村义务教育管理体制的通知[A].湘政办发[2002]25号.2002年5月29日.

12. 湖南启动"硕师计划"[N].科技新报.2009年10月14日.

13. 湖南试行师范生顶岗实习[N].科教新报.2008年12月19日.

14. 湖南首批顶岗实习师范生下乡执教[EB/OL].中国教育在线. http://www.eol.cn/hunannews_5108/

20080905/t20080905_323086. shtml. 2008 年 9 月 5 日.

15. 湖南免费定向培养万名师范生划拨两亿元专项经费解决农村中小学教师结构性矛盾[EB/OL]. 中国青年网. http://edu. youth. cn. 2007 年 11 月 15 日.

16. 教育部,财政部,人事部,中央编办. 教育部 财政部 人事部 中央编办关于实施农村义务教育阶段学校教师特设岗位计划的通知[A]. 教师[2006]2 号. 2006 年 11 月 5 日.

17. 教育部. 教育部推出中小学教师国家级培训计划[A]. 教师[2010]4 号. 2010 年 6 月 11 日.

18. 教育部. 关于教育部直属师范大学师范生免费教育实施办法(试行)的通知[A]. 国办发[2007]34 号. 2007 年 5 月 9 日.

19. 审计署. 54 个县农村义务教育经费保障及使用情况审计结果(二〇〇八年七月四日公告)[EB/OL]. 中国网. http://www. china. com. cn/policy/txt/ 2008 - 07/04/ content_15954264. htm. 2008 年 7 月 4 日.

20. 中华人民共和国国家统计局编:中国统计年鉴(2009)[Z]. 中国统计出版社,2009 年.

21. 中共湖南省委、湖南人民政府关于进一步加强农村教育工作的决定[A]. 湘发[2004]5 号. 2004 年 2 月 25 日.

22. 中共湖南省委 湖南省人民政府. 中共湖南省委、湖南省人民政府关于进一步加强农村教育工作的决定[A]. 湘发[2004]5 号. 2004 年 2 月 25 日.

23. 中华人民共和国教育部. 湖南省大力加强农村教师队伍建设[EB/OL]. www. moe. edu. cn.

24. 2005 年我国基础教育热点扫描[EB/OL]. 中华人民共和国教育部网站. http://www. moe. edu. cn.

25. 中华人民共和国教育部. 教育部关于印发《基础教育课程改革纲要(试行)》的通知[EB/OL]. http://www. moe. edu. cn/edoas/website18/62/info562. htm, 2001 - 06 - 08.

四、外文类

1. Freeman·R·E(1984). Strategie Management:A Stakeholder Approach. Boston: Pitman/ Ballinger,1984:121.

2. Clarkson, M. A stakeholder framework for analyzing and evaluationg corporate social performance, Academy of Mangement Review. 1995(1):92 - 117.

3. M. Liebeman:Education as a profession,Prentiee - Hall,1956,P2 - 6.

4. Glatthorn, A. (1995) Teacher development. In L. W. Anderson(Ed.), International Encyclopedia of Teaching and Teacher Education(PP. 41 - 46). Oxford &New York:Pergamon.

5. Wan. E. (2005). Teacher Empowerment:Concepts, strategies, and implications for schools in Hong Kong. Teachers College Record,107(4),842 - 861.

6. Hargeaves, A. , &Lo,L. N. K. (2000). The paradoxical profession:Teaching at the turn of the century. Prospects, 30(2),167 - 180.

7. Day,C. ,Elliot,B. . &Kington,A. (2005). Reform,standards and teacher identity:Challenges of sustaining com-

mitment. Teaching and Teacher Education, 21(5),563 – 577.

8. A. W. Combs:The Professional Education of Teachers ,Allyn&Bacon,Inc. 1965. pp6 – 9.

9. Blasé,J. ,& Blasé,J. (2001). Empowering Teachers:What successful principals do (2nd Ed.). Thousand Oaks, California:Corwin Press.

10. Tony. Teaeher. Governments and Professional Education [M]. Buckingham: SRHE and Open University Press,1994.

11. Tight. M. Adult Education And Training[M]. London:Routledge,1996.

12. Aubrey Scheopner Torres. "Hello, goodbye": Exploring the phenomenon of leaving teaching early. J Educ Change. 2012,(13):1 – 38.

13. Dilworth,Mary E – lmig. ProfessionalTeacherDevelopmen and the Reform Agenda. ERIC Digest, 2005(6):55.

14. Karen Stansberry Beard, Wayne K. Hoy. The Nature, Meaning, and Measure of Teacher Flow in Elementary Schools: A Test of Rival Hypotheses[J]. Education & Educational Research. 2010,(3): 426 – 458.

15. Lisa Downing Murleya, John L. Keedyb, John F. Welshb. Examining School Improvement Through the Lens of Principal and Teacher Flow of Influence in High – Achieving, High – Poverty Schools[J]. Leadership and Policy in Schools, 2008,(9) :380 – 400.

16. WANG Cheng. Comparative Study of Primary and Elementary School Teacher Flow between China and Japan [J]. Comparative Education Review. 2005. (1).

17. Lews C. Solmon. Grant Elements in Faculty Mobility: Some Initial Interpretations [C]. The American Economics Association Meeting,New York:December 28,1978. 1 – 27.

18. Ehrenberg,R. G,Kasper,H,and Rees,D. I. Faculty Turnover at American Colleges and Universities [J]. Economics of Education Review,Vol. 10,No. 2,1991:99 – 110.

19. Durham J. Stress in teaching:past,present and future [M]. London and New York, Routledge,1992:80.

20. Cherl J,Travers,Cary L. Cooper. Teacher under Pressure:Stress in the Teaching Profession[M].. Routledge, London and NewYork,1996:124,179.

21. Guglielmi R. S. , Tatrow K. Occupational stress, burnout and health in teachers: A methodological and theoretical analysis [J]. Review of Educational Research, 1998.

22. Brenner S. , Sorbom D. , Wallius E. The stress chain: A longitudinal confirmatory study teacher stress, coping and social support [J]. Journal of Occupational Psychology, 1985.

23. Richard Lancaster. Learning to Cope with Stress Can Make You a Better (and Happier) Teacher [J]. Teaching and Learning,1991.

24. Kyriacou C. Teacher stress and burnout: an International Review [J]. Educational Research,1987.

25. Mark D. Litt. Sources of Stress and Dissatisfaction in Experienced High School Teachers [J]. Educational Re-

search,1978.

26. Kyriacou C. , Sutcliffe J. Female Teacher stress: Prevalence, Sources and Symptoms [J]. British Journal of Education Psychology, 1978.

27. Munro N. Teacher Exodus as Stress Toll Mounts[J] . Times Educational Supple – ment,1992.

28. CoxT & Brockley T. The Experience and Effects of Stres in Teachers: British Educational Research Journal. 1984.

29. Ralf schwarzer & Esther greenglass. Teacher burnout from a social – cognitive perspective[J]: A theoretical position paper. In: Understanding and preventing teacher burnout: A sourcebook of international research and practice. Michael Huberman. 1998.

30. Huberntan M. Burnout in Teaching Careers,European Education,1993.

31. Osipow S H. Occupstional stress inventory revise dedition(OSI – R). Odessa, FL Psychological Assessment Resources Inc. 1998.

32. Kyriacou C,Sutliffe J. A model of teacher stress[J] . Educational Studies, 1978.

33. Peter A 0, Olugbemiro J J. Determinants of Occupational stress among Teachersin Nigeria . Educational studies, 1989.

附录一　关于农村中小学教师素质情况的调查问卷

尊敬的老师：

　　您好！我们正在进行一项与您的工作和生活有关的调查研究,本问卷是为了了解您对目前工作的一些看法,旨在了解、关注教师专业发展状态,进一步完善学校管理。所得资料仅用作学术研究,请放心并据实填答。谢谢您的支持与协助！

湖南科技大学教育学院

一、农村中小学教师调查问卷

(一)个人基本信息

1. 您的性别：

　　A. 男　　　　　　B. 女

2. 您的年龄：

　　A. 30 岁以下　　　B. 31－45 岁　　　C. 46 岁以上

3. 您是否是师范院校毕业：

　　A. 是　　　　　　B. 否

4. 您的婚姻状况：

　　A 未婚　　　　　B. 已婚　　　　　C. 离异

5. 您的教龄：

　　A. 0－5 年　　　　B. 6－15 年　　　　C. 16－20 年　　　　D. 20 年以上

6. 您的第一学历：

    A. 中专以下   B. 中专或中师   C. 大专   D. 本科

7. 您的任教科目：

    A. 文科   B. 理科   C. 文理都有   D. 音、体、美、信息等

8. 您的职称：

    A. 无   B. 中学三级   C. 中学二级   D. 中学一级   E. 中学高级

    （小学老师请选择：A. 无   B. 小学初级   C. 小学中级   D. 小学高级）

9. 您的职务：

    A. 有   B 无

10. 您现在的学历是：

    A. 中专或中师   B. 高中   C. 大专   D. 本科   E. 硕士及以上

11. 您是通过何种途径获得现在的学历：

    A. 全脱产   B. 函授（电大、职大）   C. 自考   D. 远程教育

12. 您获得职后学历所需费用的分担方式是：

    A. 由个人承担   B. 学校按比例分担一部分   C. 学校包干

    D. 教育行政部门和学校共同分担   E. 教育行政部门包干

13. 在未来的 3 - 5 年内，您是否有计划接受：

    A. 学历教育   B. 非学历教育   C. 二者均有   D. 无计划

14. 在您工作的这些年中，您进修的机会：

    A. 很多   B. 比较多   C. 一般   D. 比较少   E. 很少

15. 在您工作的这些年中，您进修的次数：

    A. 10 次以上   B. 8 次左右   C. 5 次左右   D. 2 次左右   E. 没有

16. 在您心目中，您所在的学校属于：

    A. 农村中条件最好的学校   B. 农村中条件较好的学校

    C. 农村中条件一般的学校   D. 农村中条件较差的学校

（二）您的教学与生活情况

1. 学生主动向您请教一些较难解答的问题：

    A. 从来没有   B. 偶尔   C. 比较多   D. 经常有

2. 新课程改革对教师要求更高，您是否感到自己所掌握的知识有些老化？

    A. 从来没有   B. 偶尔   C. 比较多   D. 经常有

3. 家长会向您询问课堂教学内容吗：

    A. 从来没有　　　　B. 偶尔　　　　　　C. 比较多　　　　　　D. 经常有

4. 家长要求您在课堂上特别关照自己孩子吗：

    A. 从来没有　　　　B. 偶尔　　　　　　C. 比较多　　　　　　D. 经常有

5. 您参加培训的最主要原因是：

    A. 提升自身素质,增长见识　　　　　　B. 为了评职称

    C. 学校硬性要求关　　　　　　　　　　D. 培训费不需要自己承担

6. 您认为教师不愿意参加培训的原因是(可多选)：

    A. 忙于各种检查,没时间　　　　　　　B. 工作量太大,没时间

    C. 经济上承受不起　　　　　　　　　　D. 培训知识老化,方法陈旧

    E. 培训走过场,无实效

7. 在业余活动中,您主要与谁度过(请选两项)？

    A. 家人　　　　　　B. 朋友　　　　　　C. 同事　　　　　　　D. 独自

8. 在课堂教学中,学校能为您提供的教学条件如何？

    A. 很充分　　　B. 比较充分　　　C. 一般　　　D. 不太充分　　　E. 很不充分

9. 以下各题均涉及您对教师职业各个方面的认识和看法,请在最能符合您真实感受的位置上打"√"。

项目	认同程度				
	很不认同	不太认同	说不清楚	比较认同	非常认同
(1)当中学(或小学)教师让我很有成就感。					
(2)我很了解现阶段学生心理,遵循规律教学。					
(3)我经常学习与自己工作有关的知识。					
(4)我认为自己掌握的学科知识很丰富。					
(5)学校领导对教师很信任。					
(6)工资、待遇让我满意。					
(7)家长经常要求和我沟通孩子的教育问题。					
(8)我感觉中学(或小学)教师的工作让我每天都有新鲜感。					
(9)我觉得学校管理不够人性化,缺乏公平公正。					
(10)学校给我的工作量从不超额。					
(11)我的工作让我感到挫折沮丧。					
(12)以分数和升学率的单一评价模式来衡量工作,让我苦恼。					

10. 您认为目前影响我国农村中小学教师素质整体提升的最主要因素是什么？

二、教师访谈问卷

1. 您平时通过什么途径增长知识,扩大知识面?

2. 您认为自己在教育教学过程还有哪些方面的欠缺?您会主动去弥补这些欠缺吗?主要途径是什么?

3. 请您谈谈对新课程改革的看法。

4. 您认为教师和家长的关系如何?教师和家长的关系对您自身的素质提升有无影响?如果有,其表现是什么?

5. 您认为教师和学生的关系如何?师生关系对教师素质提升有无影响?如果有,其表现是什么?

6. 当学生或家长对教师的素质有更高的要求时,您会怎么做?

三、家长访谈问卷

1. 当前农村中小学教师给您的印象是什么样的?

2. 您和教师的关系如何?您认为这种关系会影响教师吗?如果有,对教师影响的表现有哪些?

3. 您一般多长时间会和教师见面或聊天?你们在一起说得最多的话题是什么?

附录二　关于城乡义务教育教师流动现状的调查问卷

尊敬的老师：

您好！

为了充分了解我县城乡义务教育教师的流动现状(教师流动分为,1、教师内部流动,如带编制的调动、短暂性的支教、借调等岗位间流动;2、职业间的流动,如从教育部门到其他部门的职业间流动),研究影响教师流动的因素,为政府和教育部门提供决策参考,使其采取有效措施规范和引导教师合理流动,实现教育均衡发展,特此设计此问卷,请您配合这次调查。问卷采用不记名方式,不会涉及具体的单位和个人,请您按个人真实想法认真填写,我将对您的合作表示诚挚的谢意！

湖南科技大学教育学院

1. 您的年龄（　　　）

    A. 30 岁以下　　　　　B. 30 – 35 岁　　　　　C. 36 – 40 岁

    D. 41 – 45 岁　　　　　E. 46 – 50 岁　　　　　F. 50 以上

2. 您的性别（　　　）

    A. 男　　　　　　　　B. 女

3. 您在本校工作年限（　　　）

    A. 2 年以下　　　B. 2 – 5 年　　　C. 6 – 10 年　　　D. 10 年以上

4. 您的职称是(　　　)

    A. 未定级　　　B. 初级　　　　C. 中级　　　　D. 高级

5. 您参加工作时学历（　　　）

    A. 研究生　　　B. 本科　　　　C. 大专　　　　D. 中专　　　E. 其他

6. 您现在的学历（　　　）

    A. 研究生　　　B. 本科　　　　C. 大专　　　　D. 中专　　　E. 其他

7. 你的主讲课程为（　　　）

　　A. 语文　　　　　　B. 数学　　　　　　C. 英语　　　　　　D. 物理、化学、生物

　　E. 历史、政治、地理　　　F. 美术　　　　G. 音乐　　　　　　H. 其他

8. 您所在学校的位置（　　　）

　　注：主城区：县城城区内（包括离县城 10km 左右的镇）

　　城郊区：离县城 10km 以内的非镇上（包括离县城大约 10～40km 以内的镇）

　　中间区：离县城 10～40km 以内的非镇上（包括离县城大约 40km 以外的镇）

　　边远区：离县城大约 40km 以外的非镇上

　　A. 主城区　　　　　B. 城郊区　　　　　C. 中间区　　　　　D. 边远区

9. （1）您任教以来有过编制调动、支教或者其他形式的流动吗？（　　　）

　　A. 0 次　　　　　　B. 1 次　　　　　　C. 2 次　　　　　　D. 3 次及以上

　　（2）你的流动方向是（　　　）

　　A. 从偏远地区到发达地区　　　　　　B. 从发达地区到偏远地区

　　C. 偏远区域内从普通学校到重点学校　　D. 发达区域内重点学校到普通学校

　　（3）你流动到该校最主要的原因是（　　　）

　　A. 工资福利待遇好　　　　　　　　　B. 学校工作环境、教育教学硬件设施

　　C. 个人发展机会好　　　　　　　　　D. 学校管理制度完善

　　E. 家长对小孩学习很重视　　　　　　F. 服从上级领导安排

10. 您所在学校里有流动到其他学校任教的教师吗（　　　）

　　A. 没有　　　　B. 有

11. （1）您所在学校是否有政策激励教师参与流动到本校（　　　）

　　A. 没有　　　　　B. 有

　　（2）如果有，是哪些优待政策（可多选）（　　　）

　　A. 增设流动教师津贴　　　　　B. 职称评审加分

　　C. 提拔领导加分　　　　　　　D. 其他

12. （1）您是否愿意去离县城更近或发达地区的学校（　　　）

　　A. 不期望　　　B. 比较期望　　　C. 期望　　　　D. 非常期望

　　（2）如果你愿意去，最主要的理由是（　　　）

　　A. 工资福利待遇好　　　B. 学校工作环境、教育教学硬件设施都很好

　　C. 有利于个人发展　　　D. 学校制度完善、家长重视小孩的培养

13. （1）您是否愿意去偏远的学校任教（　　　）

　　A. 非常不愿意　　B. 不愿意　　C. 愿意　　D. 非常愿意　　E. 随便

（2）你不愿去偏远学校的最主要的原因是（　　）

A.工资福利差很多　　　　B.学校工作环境、教育教学硬件设施

C.不利于个人发展　　　　D.学校制度不完善、家长不配合老师

14. 假如您必须到更偏远的农村中小学去,您会怎么选择（　　）

A.服从流动　　　　　　　　B.辞职,自谋职业

C.想办法调到政府其他单位　　D.考学,另找工作 E、其他

15. 你到本校以来有没有参加过专业继续教育（　　）

A.有　　　　　　B.没有

16. 现实中,你所在的教育部门或者学校规定的教师流动周期是（　　）

A.1 年以内　　　　　　　　B.1 年以上到 3 年

C.3 年以上到 5 年　　　　　D.没有规定

17. 您认为,一个支教教师的流动周期应该几年比较合适（　　）

A.1 年以内　　　　　　　　B.1 年以上到 3 年

C.3 年以上到 5 年　　　　　D.5 年以上

18. 动员优秀教师流动到偏远学校,您觉得应该提供的条件（　　）

A.工资福利待遇高、良好的住房条件　　B.评优、职称、职务晋升优先

C.完善学校管理制度、教育教学硬件设施　　D.定期进行专业培训

19. 您认为采取什么措施才能使教师愿意去偏远地区任教（　　）

A.提高教师偏远地区津贴、改善学校教师住宿条件、丰富教师娱乐休闲生活

B.评优、晋级向农村和偏远山区学校倾斜

C.制定教师流动的法律制度、取消人为制造学校地位等级差异的做法

D.完善学校管理制度、教育教学硬件设施

20. 如果设置偏远地区教师津贴,相对于主城区域应该为什么标准比较合适（元/月）:

（1）城郊区,偏远地区津贴（　　）

A.100 以内　　B.100～200　　C.300～400　　D.500～600

（2）中间区,偏远地区津贴（　　）

A.200 以内　　B.300～400　　C.500～600　　D.700～900

（3）边远区离县城大约 50km 以外的非镇上,偏远地区津贴（　　）

A.300 以内　　B.400～600　　C.700～900　　D.1000～1200